KB237616

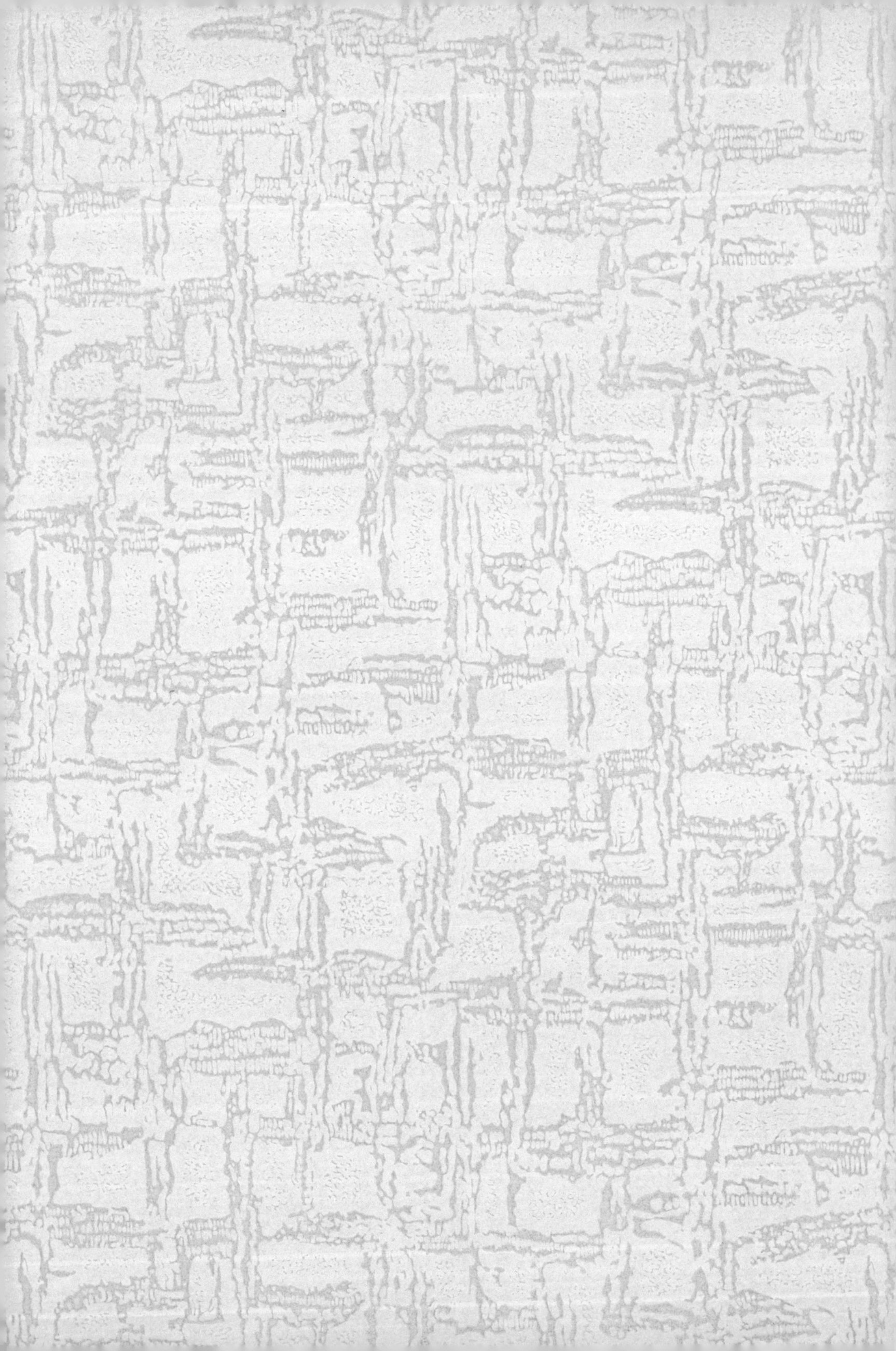

당신이 아파할 때 하나님도 우셨다

당신이 아파할 때 하나님도 우셨다

아픔의 자리 한가운데에서도
끊임없이 주님을 묵상하며
놀라운 치유의 손길을 사모하시는
　　　　　　　　　　　에게
이 책을 드립니다.

아파하는 영혼을 위한 따스한 치유의 손길

당신이 아파할 때 하나님도 우셨다

신현복 지음

치유와 돌봄이 있는 희망의 선교동산
아침영성지도연구원

인생의 고난에 대한 '12가지 위로'

"나의 하나님, 나의 하나님,
어찌하여 나를 버리시나이까?"
(마가복음 15:34)

예수님이 십자가 고난 앞에서 외치신 이 탄식은
오늘 이 시간 바로
나의 심정을 대변하는 부르짖음입니다.
홀로 소외된 것 같습니다.
내 연수의 짧음이 의아스럽고 절망스럽습니다.
인생이 여름의 풀처럼 시들어 갑니다.
그 좋았던 일들이 덧없이 지나가 버립니다.
왜 하필이면 나란 말입니까?
하나님은 내가 이토록 힘들어하는 때
도대체 어디에 계신단 말입니까?
내 영혼의 절규,

그러나 하나님의 침묵,
그리고 그 앞에서 느끼는 당혹과 분노와 슬픔…….
집사님, 힘드시지요?
집사님의 아파하는 영혼의 절규가 느껴집니다.
그러나 집사님,
이러한 때 집사님이 겪고 계시는
인생의 고난에 대하여
꼭 생각해 보아야 할 것이 있습니다.
교회 전통에서는 그것이
'12가지 위로' 라는 이름으로 전해 내려오고 있습니다.

첫째로,
하나님께서는 직접적으로 고난을 의도하시지 않습니다.
비록 그것이 유한성과 죄의 결과로서
하나님의 허락에 따라 발생되더라도 말입니다.
집사님을 향한 하나님의 본래적인 염원,
곧 집사님을 향한 하나님의 근본적인 뜻은
순전한 선(善)입니다.

둘째로,
비록 집사님이 사회악과
집사님 자신의 개인적인 죄의 결과 때문에
고난을 당한다고 할지라도,

악 그 자체는 하나님이 집사님에게
좀 더 큰 선물인 자유의지를 주셨다는 사실을
지적해 주고 있습니다.

셋째로,
능력의 하나님은 어떠한 재난 가운데서도
선을 이루실 수 있습니다.
비록 집사님이 지금은 특정한 방법으로
고난을 당한다고 하더라도,
하나님께서는 그 고난 속에서
집사님이 전혀 보지 못하거나
본다고 해도 희미하게 보는
집사님의 가능성들을 보고 계십니다.

넷째로,
악이 하나님의 전능하심을 제한하지는 않습니다.
하나님만이 비교할 수 없는
능력을 가지고 계시기 때문에
하나님은 피조물이 타락하여
죄와 자기 소외 가운데 빠질 것을
친히 예견하시면서도
그 피조물들과 친밀한 대화와 교제를 나누시며,
서로 자기 자신의 동질성이나 거룩하심에

전혀 위협받음이 없이
모험을 기꺼이 감당하십니다.

다섯째로,
악과 고난이 때로는
몸을 깨끗하게 하는 데 필요한 약으로서,
또는 단기적으로 볼 때는 가혹하나
장기적으로는 건강을 증진시키는
식이요법 같은 정화작용제로서 경험됩니다.

여섯째로,
성령께서는 고난을 통하여
일시적으로는 의문스러운 것처럼 보이는
비통한 사건들 가운데서
집사님의 영혼을 정결케 하시고
그것으로부터 죄를 소멸시키시며
그것을 깨끗하게 닦으시고
집사님을 우상숭배로부터 떼어놓아
하나님의 돌보심을 신뢰하기를 원하십니다.

일곱째로,
개인적인 고난은 사회적인 뿌리를 가지고 있으며
사회적으로 구속되어야 합니다.

 당신이 아파할 때 하나님도 우셨다

그리스도교 신앙은 악과 고난을 가져오는
사회적인 신비 때문에 절망하지 않습니다.

여덟째로,
고난은 선을 더욱 돋보이게 할 수 있습니다.
우리는 모두 아무 고난이 없는 삶을 좋아합니다.
고난을 좋아하는 사람은 아무도 없습니다.
그러나 고난에 부딪칠 때
그것은 집사님의 기쁨의 원천을 증가시킬 수 있습니다.
그러므로 악과 고난을 부인하지 않고,
아직은 부분적으로만 인식되고
부분적인 일치만 볼 수 있으나,
후에는 더 큰 조화 속에 해소될 수 있는
과도적인 불일치로 파악해야 합니다.

아홉째로,
성장과 발달과 건강 형성에는
반대와 긴장과 투쟁이 필요합니다.
변화는 고통이 없이는 발생하지 않습니다.
하나님께서는 취약하고 부서지기 쉬운 자유나
또는 실패의 투쟁을 결코 겪어 보지 않은
단순히 이론적인 자유보다는
삶을 통하여 단련되고

오랜 시련을 통하여 정련된
집사님의 자유를 더 좋아하십니다.

열째로,
하나님께서는 유한한 피조물들에게
자신의 완전하고 비할 데 없는 선을 주시되
그것을 받아들일 수 있는
수용능력에 비례하여 주십니다.
시간, 공간, 이성, 상상, 도덕적 능력에서
우리는 유한하기 때문에
하나님의 선하심을 그 실재의 전 분량에 이르기까지
충분히 바라보거나 받아들일 수 없습니다.
우리의 불완전,
근시안적인 비전,
도덕적 우둔함이라는 제약들 가운데서만
받아들일 수 있습니다.

열한째로,
하나님께서는 아무런 악도
존재하지 않도록 하는 것보다
악으로부터 선을 이끌어 내는 것이
더 좋다고 판단하셨습니다.
병의 가능성이 전혀 없는

세상을 창조하기보다는
병의 위험으로부터 건강을 도출하는 것이
더 좋다고 판단하셨습니다.

열두째로,
집사님이 살고 있는 바로 이 세상은
그 문제들과 거슬리는 악들과 불안전에도 불구하고,
그것이 하나님의 세상이기 때문에
모든 것을 고려할 때―
어떤 것은 우리의 유한한 관점 때문에
도저히 이해할 수 없다 할지라도―
하나님이 창조하실 수 있는 최상의 세계입니다.

그러나 집사님,

그리스도교의 전통적인 지혜인
이 '12가지 위로' 가 아무리 가치 있다고 할지라도
고난 가운데 계시는
집사님의 곤혹스러운 실제 상황에 대해서는
무감각하고 비인격적이고 냉혹하고
논리적인 논쟁처럼 보일 수 있을 것입니다.
'그래서 어떻다는 말인가?'
오히려 반감이 생길 수도 있을 것입니다.

'그래서 나를 위해 최근에 해준 것이
무엇이라도 있단 말인가?'
쓸쓸함 속에 존재론적인 유희나
형이상학적인 놀이로 느껴질 수도 있을 것입니다.
더군다나 집사님의 병이나 고난이
'하나님의 뜻' 이라고
간단히 단순화시켜 버리는 데는
분노마저 느낄 것입니다.
'이런 식으로 또는 저런 식으로
느끼지 말아야 한다.' 고 참견할 때에는
짜증마저 날 것입니다.

그래서 몹시도 조심스럽습니다.
과연 어떻게 집사님께 다가가야 할지,
무어라 말문을 열어야 할지,
아무리 기도로 준비하고 다가가도
막막하기는 마찬가지입니다.
그래서 이 부족한 마음 그대로를
집사님께 진실하게 전달할 수밖에 없다는
부끄러움과 죄송함을 느끼게 됩니다.

집사님,

성령의 말씀이 분명하지 않을 수도 있습니다.
하나님의 뜻이 불분명할 수도 있습니다.
뜻밖의 사고와 슬픔과 어리석은 행위와
범죄와 자살 가운데서
그럴 듯한 위로의 말은 전혀 도움이 안 될 것입니다.
덧없는 것의 한계를 너머
역사의 처음과 마지막과 중심이신
그리스도를 바라보아야 하는 이유가 여기에 있습니다.
집사님이 당장은 이 고난의 의미를
다 파악할 힘이 없다고 할지라도,
그럼에도 불구하고,
"하나님을 사랑하는 자
곧 그 뜻대로 부르심을 입은 자들에게는
모든 것이 합력하여 선을 이룬다"
(로마서 8:28)는 약속의 말씀을 붙잡고
다시 한 번 일어서셨으면 합니다.

그런 의미에서 미국 남북전쟁 때
한 병사가 드렸던 감동적인 기도가 불현듯 떠오릅니다:

무엇이나 얻을 수 있는 힘을 달라고
하나님께 구했으나
나는 약한 몸으로 태어나

겸손히 복종하는 법을 배웠습니다.

큰 일을 하기 위하여 건강을 구했으나
도리어 몸에 병을 얻어
좋은 일을 할 수 있게 되었습니다.

부를 얻어 행복하기를 간구했으나
나는 가난한 이가 됨으로
오히려 지혜를 배웠습니다.

한번 세도를 부려 만인의 찬사를 얻기 원했으나
세력 없는 이가 되어
하나님을 의지하게 되었습니다.

삶을 즐기기 위하여 온갖 좋은 것을 다 바랐건만
하나님은 내게 영생을 주사
온갖 좋은 것을 다 즐길 수 있게 되었습니다.

내가 바라고 원하는 것은 하나도 받지 못하였으나
은연중 나의 바라는 것을 모두 얻었나니
참으로 나는 만인 중에서
가장 풍성한 축복을 얻었습니다.

차 례

첫 번째 편지

사람 만나기가 싫습니다

— 우울증의 치유 —

시편 147:3

"마음이 상한 사람을 고치시고,
그 아픈 곳을 싸매어 주신다."

우울증의 탄식

“사람 만나기가 싫습니다.
의욕도 없고,
잠도 제대로 오지 않고,
침울해지곤 합니다.
자연 말수도 적어지고
표정도 어두워지는데,
이상하게도 이럴 때는
기도도 제대로 되지 않습니다.
마음은 불 꺼진 난로처럼
싸늘하게 식어 버리지요.
완전히 딴사람이 되어,
내 마음 하나를 주체하지 못하고
쩔쩔매곤 합니다.
우울증도 전염되는지
온 집안이 생기를 잃어버립니다.

참으로 미안하지만,
그렇다고 일부러
명랑한 체 떠벌릴 수도 없습니다.
그렇지 않아도 살기 힘든
이 인생살이에서
나라는 존재가 밝은 희망을 주지 못하고,
어두운 절망감을 전염시키는
바이러스가 되어 버리는 것 같아
미안해서 견딜 수가 없습니다.
아침에 일어나면 하루가 막막합니다.
하루하루가 건너지 못할
사막처럼 느껴집니다."

우울증의 치유

사랑하는 김 집사님,

요즘 무척 힘드시지요?
집사님은 지금 깊은 우울의 터널을
지나고 있는 것 같습니다.
집사님처럼 그런 마음의 아픔을 가지고
찾아오는 이들이 요즘 꽤 많은데,
그 때마다 이 우울의 고통을
어떻게 나눌 수 있을까 고민이 많습니다.
그래서 오늘 저는 집사님과
이 우울의 그림자를 추적해 가면서
그 치유의 길을 한번 모색해 보려고 합니다.

무엇보다도 우울증은

인간의 정신이나 영혼의 모든 부분에
영향을 미치는 파괴적인 병입니다.
그 고통은 다리가 부러졌을 때 경험하는
육체적 고통보다 더욱 쓰라리지요.
하지만 아주 서서히 나타나기에,
수많은 이들이 육체의 아픔보다
이 우울증이 더 고통스럽다는 것을
깨닫지 못한 채
마냥 힘들어하기만 합니다.

우울증은 한 마디로
정의 내리기 어려운 단어입니다.
사람들은 이 우울증을
감정의 미묘한 흔들림에서 정신병에 이르는
행동의 스펙트럼이라고 간주합니다.
우울증은 하나의 증상이자 질병이며 반작용입니다.
그것은 무언가가 잘못되었다고
우리의 주의를 불러일으키는
하나의 경고 장치입니다.
우울증은 생(生)에 대한 반작용,
특히 삶에서 경험하는
많은 상실에 대한 하나의 반작용입니다.
이 우울증에는 언제나 이유가 있습니다.

김 집사님,

지금 집사님이 앓고 있는 우울증은
사실 '응고된 분노' 입니다.
우울증은 마음에 있는 분을 참는 사람,
또는 분을 함부로 쏟아 놓는 사람들에게
반드시 찾아들기 마련입니다.
우리는 가정에서나 학교에서나 교회에서
분노의 감정을 바르게
표출하지 못하며 살아왔습니다.

그래서 그런지
그 분노의 감정을 억압하는 데 익숙해 있습니다.
그래도 쌓인 감정을
다른 용납될 수 있는 방법으로
발산할 수 있는 사람은
비교적 건강하게 살아갈 수 있지만,
어디에서도 그 억울한 분노의 앙금을
표출할 기회를 갖지 못한 사람에게서는
이런 식의 우울 증상이 나타나는 것을 보게 됩니다.
의욕이 사라져 버리고
마음은 간절한데 육신이 전혀 말을 듣지 않는 상태,
그 밑바닥에는 풀리기만을 기다리는

한(恨)의 응어리가 도사리고 있음을 알아야 합니다.

우울증의 원인으로
자기 가치의 상실
곧 낮은 자존감을 들 수도 있습니다.
부모로부터 지나친 과보호나
무관심 속에서 성장한 아이는
낮은 자존감을 갖게 됩니다.
이는 참기 어려운 짐이 되고,
자신에 대한 분노가 점점 커지면
병적인 우울증으로 깊어만 갑니다.
또한 지나치게 엄격한 부모,
자신의 요구를 받아들이지 않는 냉정한 어머니,
무기력하고 수동적인 아버지,
또는 아버지가 안 계시거나
잦은 출장으로
자녀들과 시간을 같이 보내지 않은 가정에서
자란 아이 역시
낮은 자존감 때문에
우울증에 빠지기 쉽습니다.

다른 사람과 사귐성이 부족한 것,
다시 말해서 외로움이 우울증을 촉발하기도 합니다.

외로움을 느끼는 사람들은
자신을 거절했다고 생각하는 사람들에 대하여
원망을 쌓아갈 뿐만 아니라,
거절당했다는 느낌 때문에
자신에 대한 원망을 쌓습니다.
이런 사람은 동료나 절친한 친구의
죽음을 허락하신 하나님께도 심한 불만을 품지요.
이렇게 쌓여진 원망이 생화학적 변화를 가져와
우울증을 일으키게 되는 겁니다.

김 집사님,

이러한 우울의 그림자를 치유하기 위해서는

우선,
비논리적인 사고에서 벗어나야 합니다.
특히 삶은 언제나 공정해야 한다는
비논리적인 신념이 강할수록,
그것이 지켜지지 않은 상황에서
분노하고 좌절합니다.
불공정할 수도 있는 것이
삶이라는 것을 받아들이십시오.

둘째로,
'하필이면 왜 내게…'를
'왜 나라고…'로 바꾸어 생각하십시오.
늘 안 좋은 일이 생길 때마다
'왜 하필 내게…'라고 생각하면
억울해지고 우울해집니다.
그러나 '나라고 그런 일을 당하지 말란 법은
없지 않은가'라고 일반적으로 생각하면
기분이 달라지지요.

셋째로,
우울한 일에 집착하기보다는
좋아하는 일에 몰두하십시오.
우울한 사람들은 돌이킬 수 없는 사건들만
계속 생각하는 경향이 있습니다.
이런 생각을 바꿔서,
먹고 싶은 것을 먹는 것,
사고 싶은 것을 사는 것,
그 동안 하지 못했던 취미 생활에
관심을 갖는 것 등에 관심을 가지십시오.
그 어떤 것이라도
신세를 한탄하고 있는 것보다는 낫습니다.

넷째로,
사소한 일에도 감사하며
즐거운 일이나 희망 찬 사람들과 어울리십시오.
억압된 분노에 사로잡혀 있으면,
감사하지 못하고
매사에 방어적이거나 자기중심적이어서
고립되기 쉽습니다.
이 일이 쉽지는 않겠지요.
하지만 점차 관계를 지속시켜
나아가려는 자세가 중요합니다.

무엇보다도
구멍이 뻥 뚫린 김 집사님의 공허한 마음속에
무엇이 들어있는지
그 내용을 진솔하게 탐구해야 합니다.
내면세계의 그림자를 통찰하는 것은
고통스러운 일입니다.
그러나 그 고통 때문에
내면의 문제를 덮어둘 순 없습니다.
영적 자존감을 회복하십시오.
비록 우울한 기분에 사로잡혀
세상 사람들에게 가치 없는 사람으로 인식될지라도,
김 집사님이 하나님의 은혜로 세워진 사람임을

긍지로 여기십시오.
하나님이 보시기에 나는 누구인가,
나에게 하나님은 어떤 분인가를 분명히 하십시오.

사랑하는 김 집사님,

우울의 폭풍 속에서도
하나님의 마음을 읽으십시오.
하나님께 합당한 사람이 되려고 노력하십시오.
집사님이 만나는 사람이나 상황에 대하여
하나님의 생각이 무엇인지 알아보십시오.
김 집사님이 도시 한복판에 살고 있을지라도,
하나님이 함께 하시지 않으면
그곳은 가장 위험한 곳입니다.
반대로 시골 한구석 깊은 골짜기에 있을지라도,
하나님이 함께 하시면
그곳이 가장 안전한 곳입니다.

우울증을 치유하는 기도

주님,
삶의 숨결이 소진되어 버린 것 같습니다.
몸은 천근 만근,
마음은 근심 걱정,
살맛도 없고,
기력도 없습니다.
두려움도 가라앉힐 수가 없고,
팔다리도 마비된 것 같습니다.
암울한 생각만이
머릿속을 헤집고 다니며,
그것들을 물리칠 힘마저
떨어져 버렸습니다.
귀리나무가 바람에 일격을 당했다 한들,
지금 우울의 폭풍이
제 영혼을 강타한 것과 같겠습니까?
배가 파도에 세차게 흔들거렸다 한들,

지금 제 영혼이
비참함으로 요동치는 것과 같겠습니까?
집의 기초가 무너졌다 한들,
지금 제 자신의 삶이
잿가루처럼 바스라지는 것과 같겠습니까?
친구들의 발길이
뚝 끊어진지 오래입니다.
주님께서는 제 영적 형제들마저
멀리 흩뜨러 버리셨습니다.
지금 저는 주님의 교회로부터
버림받은 몸입니다.
더 이상 꽃들은 절 위해 피지 않습니다.
더 이상 나무들은
절 위해 낙엽지지 않습니다.
더 이상 새들은
제 창문에서 노래하지 않습니다.
동료 그리스도인들은
저를 어리석은 죄인이라 경멸합니다.
주님,
제 영혼을 드높여 주시고,
제 몸을 소생시켜 주옵소서.
예수 그리스도의 이름으로 기도드립니다. 아멘.

하나님이 미워요!

— 슬픔의 치유 —

마태복음 5:4

"슬퍼하는 사람은 복이 있다.
그들이 위로를 받을 것이다."

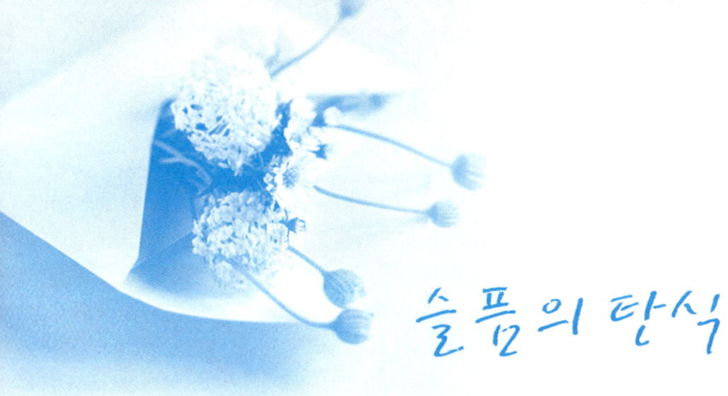

슬픔의 탄식

"우리 가족은 행복했답니다.
셋방살이 단칸방에 네 식구가
늘 웃음꽃을 피우는 화목한 가정으로
모든 사람들이 부러워했어요.
그런데 며칠 전,
출근하던 남편이 횡단보도에서
교통사고를 당하여 세상을 떴습니다.
저희 남편은 그 힘든 직장생활을 하면서도
늘 구김살 없는 얼굴로
가족들을 돌보아 왔습니다.
그런데 하늘도 무심하시지.
믿을 수가 없었습니다.
어린 두 아이들을 생각하니
견딜 수가 없었습니다.

생각할수록 하나님이 미웠습니다.
지금도 남편의 모습이
집안 어느 곳에 있는 것만 같아요.
설상가상 어제는 큰아이가
혈액염이라는 희귀한 병에 걸려
입원을 하였습니다.
의사선생님의 말은
이 병은 완치라는 게 없고
계속해서 약을 먹어야 한다는 것이었습니다.
아이가 누워 있는 입원실에서
복받치는 심정에 울음을 터뜨렸습니다.
도무지 제 자신을
주체할 수가 없어서였습니다.
어느 누구나 겪어야 할 슬픔이라지만,
나에게는 너무나 갑작스레
닥쳐온 것들이기에,
이 슬픔이 너무나
너무나 원망스럽습니다."

슬픔의 치유

사랑하는 한 집사님,

얼마나 힘드셨어요!
집사님의 슬픔이 너무도 안타까워
저도 어젯밤 한숨도 제대로 못 잤습니다.
어떻게 이런 일이!
어떻게 이렇게 한꺼번에!
지금 집사님이 슬퍼하시는 것은
지극히 당연합니다.
그리고 그 슬픔에
깊은 위로와 공감을 보내드립니다.

집사님,

그런데 도대체

이 슬픔이란 게 무엇일까요?
집사님이 지금은 몹시 힘드시겠지만,
그래도 우리 인생에 닥쳐오는
슬픔의 의미를 잘 헤아릴 수만 있다면
이 슬픔의 파도를 헤쳐 가는 데
많은 도움이 될 것입니다.

사랑하는 한 집사님,

무엇보다도 슬픔이란
우리 삶의 심오한 변화나 상실에 대한
자연스럽고도 필연적인 반응이랍니다.
슬픔은 가족이나 친구의 죽음,
가까운 이들과의 헤어짐, 별거나 이혼,
유산, 상처나 장애,
직장이나 재산이나 애완동물의 상실,
가족의 떠남, 새로운 곳으로의 이사,
사람에 대한 실망, 꿈의 포기 등에 대한
건전하고도 인간적인 반응이지요.

그런데 한 집사님,

우리가 경험할 수 있는 가장 큰 상실은

바로 사랑하는 사람이 세상을 떠났을 때입니다.
이런 슬픔이 고통스러운 경험이라는 것은
그 누구도 부인할 수 없는 사실이지요.
슬픔에 빠진 사람들은
공통적으로 다음과 같은 감정들을 겪게 됩니다:

1) 충격과 부인:
"이건 현실이 아니야."

일종의 감정적인 "마비 현상" 입니다.
지극히 정상적인 반응입니다.
사실 이러한 감정들은 곧 지나가게 될 것이고,
집사님은 상실이라는 현실을 직시하게 될 것입니다.

2) 분노:
"왜 하필 이런 일이 생긴단 말이야?"

뭔가 소중한 사람이나 사물을
상실한다는 것은
상처가 될 수 있으며,
부당한 처사라고 여겨질 수도 있습니다.
집사님은 그 상실을 막지 못한 것에 대하여
자신과 타인에게 분개와 분노를 느낄 수 있습니다.

다소 시간이 걸리겠지만,
그래도 집사님은 그 분노를 이겨낼 수 있습니다.

3) 죄책감:
"내가 곧바로 뭔가 조치를 취하기만 했더라도……."

집사님은 상실 직전에 자신이 뭔가를 했다거나
하지 못했다는 것 때문에
스스로를 비난할 수도 있습니다.
하지만 집사님도 인간이라는 사실을 잊지 마십시오.
또 집사님이 어쩔 수 없는 사건들도
존재한다는 점을 꼭 기억하십시오.

4) 절망:
"무슨 소용이야? 어차피 예전 같을 수는 없는 걸."

잠시 동안 집사님은
육체적으로나 정신적으로나
쇠진한 것처럼 느낄 수 있으며,
일상적인 일들은 전혀 해낼 수 없다거나
전혀 할 필요가 없다고 여길 수도 있습니다.
하지만 사실 집사님은
다시금 삶의 회복을 향하여

발걸음을 내딛게 될 것입니다.
어쩌면 처음에는 극히 작은 발걸음일 수도 있지요.

5) 외로움:
"나 혼자서 해낼 수는 없어."

책임 증가와 사회적 삶의 변화는
한 집사님에게 외로움과 두려움을
안겨 줄 수도 있습니다.
그렇지만 새로운 도전에 부딪치고
새로운 인간관계를 발전시켜 나가면서
집사님은 이런 감정들을 극복하는 방법을
터득하게 될 것입니다.

6) 희망:
"그래, 우리에겐 즐거운 순간들이 많았지.
하지만 앞으로도 좋은 일들이 더 많이 생길 거야."

집사님은 마침내
자신의 상실을 인정할 수 있는 단계에
이르게 될 것입니다.
집사님은 과거를 좀 덜 고통스럽게
기억할 수 있을 것이며,

희망으로 가득 찬 미래에
초점을 맞추게 될 것입니다.
집사님은 곧 회복될 것입니다.
아무리 힘든 삶이 닥쳐오더라도!

사랑하는 한 집사님,

그렇다면 이 상실을 어떻게 받아들일 수 있을까요?
무엇보다 집사님의 감정을 큰소리로 말하십시오.
그러면 집사님의 불안과 두려움을 인정할 수 있지요.
고통스러운 감정을 마음속에만 가둬놓는 것은
더욱더 많은 문제들의 원인이 될 수 있답니다.
대개의 경우,
목회자나 신앙공동체인 교회의 후원은
상실의 시기에 큰 위로가 될 수 있습니다.
도움을 청하십시오.
하지만 집사님이 알려주기 전에는
그들도 뭘 도와주어야 할지 잘 모른답니다.

한 집사님 자신에게 친절하십시오.
그리고 잘 견뎌내십시오.
어떤 날들은 다른 때보다 더 힘들 수 있습니다.
하지만 중요한 것은

집사님이 회복되리라는
믿음을 고수하는 것입니다.
상실로부터 완전히 회복될 때까지는
어떤 중요한 결정도 내리지 마십시오.

한 집사님 자신의 건강을 돌보십시오.
술이나 신경 안정제나
몸에 해로울 수 있는 약물들을 피하셔야 합니다.
그리고 한 집사님의 외모에 자신감을 가지십시오.
두통이나 욕지기, 현기증, 떨림,
가슴앓이, 호흡부족, 체중감소,
불면증, 무기력 등의 문제들을 조심하십시오.

그런 다음에는
긍정적인 사고방식을 되찾기 위하여 노력하십시오.
뭔가 생산적인 일을 한다는 것은
자신과 미래에 대한 느낌에
굉장한 효과를 미칠 수 있답니다.
그리고 그것을 장기적인 계획으로 발전시키십시오.
좀더 먼 미래의 목표들을 기록하십시오.
정기적으로 한 집사님의 치유와
성장 과정을 점검하십시오.
만일 기대했던 바를 성취하지 못했더라도,

언제든지 집사님의 목표를 재점검하고
계획을 조절할 수 있습니다.
무엇보다도, 포기해서는 안 됩니다!

사랑하는 한 집사님,

어제 지하철을 기다리다
참 아름다운 글을 읽었습니다.
오래전 미국에 해리 로더라는 가수가 있었는데,
어느 날 공연 도중에 아들이
전선에서 사망했다는 소식을 들은 겁니다.
그러나 그는 사람들 앞에서
웃으며 노래를 불렀고
공연을 끝까지 마쳤습니다.
그리고 아들의 시신이 안치되어 있는
전선의 야전병원으로 달려갔습니다.
그는 여기에서 아들이 죽었지만
살아 있는 조국의 아들들이 많다는 것을 알고,
먼저 공연을 자청하였습니다.
그리고 전선의 무대에서
군인들에게 노래를 선사하였습니다.
그는 믿음의 사람이었지요.
아들의 죽음이 가져온 슬픔을

믿음으로 이겨 나갔습니다.
나중에 그는 한 잡지사와 인터뷰하면서,
과거의 고난을 이렇게 회고했습니다.

"고난을 맞는
인간의 태도는 세 가지입니다.
이 세상을 비관함으로써 좌절하든지,
술을 계속 마심으로써 파멸을 당하든지,
하나님께 슬픔을 가져가든지…….
저는 슬픔을 하나님께 가져가 맡김으로써
위로와 힘을 얻었고,
그것을 다른 사람에게
증거할 수 있게 되었습니다."

그러므로 사랑하는 한 집사님,

상실과 슬픔은
삶의 본질적인 부분임을 명심하십시오.
슬픔의 국면들을 이해하십시오.
자신이 조절해 나갈 수 있다고 믿으십시오.
집사님의 상실을 인정하고,
그 경험을 딛고 성장하는 방법을 배우십시오.
필요할 경우에는 도움을 청하십시오.

다시 한번 가장 충만한 삶을 누리는
방법을 배우십시오!
그리고 상처 입은 치유자로서
서로의 슬픔을 나누십시오.
기쁨은 줄수록 커지지만,
슬픔은 나눌수록 작아지기 때문입니다.

슬픔을 치유하는 기도

온갖 신비를 지니신 위대하신 하나님,
절대절망의 현실 속에서
저의 생각이 헛돌고
놀란 새들처럼 저의 말이 헛나올 때,
저에게 고요함을 가져다주시어
두 손을 모으고
제 마음의 슬픔을 덮을 수 있도록 해주옵소서.
저에게 은혜를 주시어
하나님을 조용히 인내하며
받들 수 있도록 해주옵소서.
하나님께서는 제가 아는 것보다도
더 제 가까이 계시며,
제가 상상하는 것보다도
더 가까이 계십니다.
제가 하나님을 발견할 수 없다면,
그것은 제가 아주 먼 곳에서

찾고 있기 때문입니다.
제가 아픔을 느끼기 전에
하나님께서 아파하셨고,
무거운 짐이 저를 내리누르기 전에
하나님께서 그것을 걷어치우셨으며,
슬픔으로 저의 마음이 암울해지기 전에
하나님께서는 먼저 슬퍼하셨습니다.
하나님께서는 어둠의 골짜기에서도 계시므로,
저의 선한 목자가 되시어
제가 하나님과 동행하는 동안 돌보심으로써,
제가 연약함 가운데
넘어지지 않도록 해주옵소서.
비록 아픔의 자국이 깊어갈지라도,
늘 하나님께서 바라시는 길을 걷게 해주시고,
저를 이끄시어
온갖 위험을 지날 수 있도록 해주옵소서.
예수 그리스도의 이름으로 기도드립니다. 아멘.

늘 혼자라는 이 느낌

— 외로움의 치유 —

요한복음 14:13

"나는 너희를 고아처럼 버려두지 않고,
너희에게 다시 오겠다."

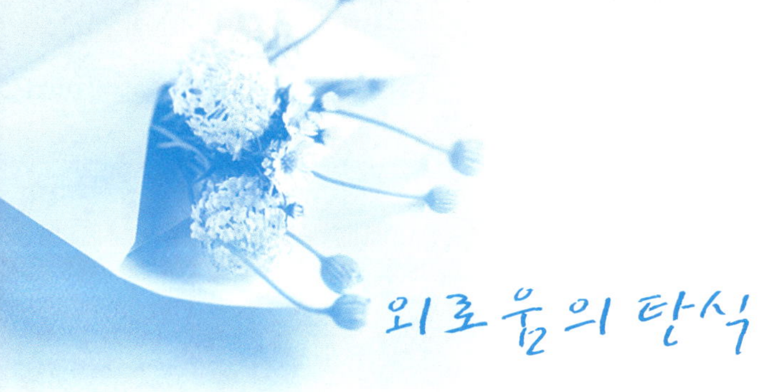

외로움의 탄식

“봄비가 보슬보슬
내
리
고
있어요.
그러나 제 마음은
창밖에도 안에도 그 어디에도
안주할 곳이 없어요.
누구에게 털어놓을 수도,
어떻게 주체할 수도 없어요.
늘 혼자라는 이 느낌!
태평양의 넓디넓은
바다 한가운데 홀로 떠 있는 외딴 섬.
아무도 찾아오지 않는 무인도.
육체의 아픔보다 정신의 아픔이
얼마나 더 고통스러운 것인지……
허탈하고 괴로운 맘에 흐르는 건

눈물뿐이지요.
저만 이렇게 힘든 걸까요?
남편도 자식들도
제 마음을 알아주지 못해요.
그 동안 가족들 뒷바라지에
시간 가는 줄 몰랐는데,
정작 제 자신은 지금 너무나 힘이 들어요.
속이 아려옵니다.
아무런 의욕도 없어요.
마음을 함께 할 수 있는,
서로 이해할 수 있는 친구도 없구요.
늘 찌푸린 인상에 연신 내뱉는 말,
"아유, 미치겠어!"
이제 차라리 반항아가 되고 싶어요.
그래서 이 밤,
의지할 곳 없이 흐트러진 심정으로
글을 띄워 봅니다.
어떻게 해야 다시
싱싱한 느낌을 가지고 살 수 있을까요?"

외로움의 치유

사랑하는 박 집사님,

우리 인간을
가장 견디기 어렵게 하는 것은 무엇일까요?
햇살이 반짝거리는
거리를 걷고 있다가도,
질펀한 삶의 외침들로
떠들썩한 시장터에서도,
빨간 촛불이 타들어 가는 카페 안에서도,
그리고 때로는
'너'와 마주 앉은 자리에서도
가슴에 통증을 느끼게 하며 스쳐가는 아픔.
끝없는 광야에 갈기를 접고
긴 목을 빼고 서 있는
말의 형상처럼 막막한 아픔.
그것이 곧 외로움이라는

마음의 그림자가 아닐까요?

박 집사님,

외로움이라는 고통의 방을 들여다보는 게
결코 쉬운 건 아닙니다.
그래서 사람들은 될 수 있으면
외로움을 멀리하고 싶어 하지요.
하지만 외로움은 살아가면서
누구든지 겪게 되는 경험입니다.
박 집사님도 어린 시절에
엄마의 따뜻한 시선과 안아주는 품을
충분히 경험하지 못했을 때
근원적인 외로움을 느꼈을 것입니다.
반 아이들에게 사팔뜨기라고 놀림을 당하거나,
사춘기 시절에
친구들에게 전혀 인기가 없었을 때,
기숙사나 야영장이나 친척집에 갔다가
집이 그리워졌을 때,
또는 자신의 힘으로는 어쩔 수 없는
부당한 규칙에 분개했을 때,
대학 시절에 주위 사람들이
죄다 점수에만 연연해하고

좋은 친구란 눈을 씻고 보아도 없었을 때,
우리의 경쟁적이고
빨리빨리 병에 걸린 세계 때문에
하늘 한번 제대로 쳐다보지 못하고 살아갈 때,
또는 모임이라고 해서 갔는데
아무도 박 집사님이 내놓은 제안에
관심을 기울이지 않았을 때에도
외로움을 느꼈을 것입니다.
그리고 지금도 매일 매순간
그런 외로움 속에 우리는 살아갑니다.

한 조사에서 4명 중 1명이
지난 몇 주 동안에 외로움을 느꼈고,
9명 중 1명은 지난 한 주간 동안
아주 심각한 외로움을 느꼈다고 했습니다.
이렇듯 외로움은
가장 보편적인 인간의 경험 가운데 하나입니다.
생각해 보세요.
전철 안에서 신문을 펴들고
입을 다물고 있거나
공상 속에서 멍하니
딴 데를 쳐다보고 있는 사람들…….
두통, 위통, 아랫등뼈의 통증,

불만, 자살, 포르노, 알코올 중독,
수많은 교통사고…….
오히려 안 왔으면 싶을 정도로
공허함과 서글픔만 남는 모임들…….
조건 없이 사랑해 줄 사람은 아무도 없으며,
자신을 드러내면 낼수록 이용당한다는 느낌,
거절당함과 비아냥거리는 웃음소리,
툭 쏘아붙이는 말과 차가운 침묵…….
외로움에 사무치게 만드는
이 사회의 단면들이지요.

박 집사님,

우리는 왜 이렇게 외로움을 타는 것일까요?
일반적으로 외로움의 원인이라면
슬픔, 분리, 실패나 실패에 대한 두려움,
친구와 공동체의 결여, 의사소통의 결여,
산다는 것에 대한 불만족 등을 들 수 있습니다.
하지만 무엇보다도 외로움의 주된 원인은
마음을 깊이 주고받을 수 있는
사람이 없기 때문입니다.
아무도 나에게
관심 가져 주는 이가 없기 때문입니다.

더군다나 박 집사님의 경우처럼,
아끼고 사랑하던 가족들이
집사님 마음을 제대로 알아주지 않아
다들 남인 것처럼 느껴질 때,
그 외로움은 뼛속까지 파고들 것입니다.
대화가 통하지 않는 부부,
아이들은 어른들이 인정해 주지 않는다고,
노인들은 젊은이들이 무시한다고
외로워합니다.
너나 할 것 없이 토해 내는
외로움의 부르짖음들,
이 세상은 온통 외로움의 열병(熱病)으로
하늘마저 구멍이 나버렸습니다.

박 집사님,

그렇다면 어떻게 해야
박 집사님이 외로움의 포로에서 벗어나
성장의 단계로 나아갈 수 있을까요?

무엇보다도 먼저,
박 집사님이 직면하고 있는 외로움의 뿌리가
정서적인지, 사회적인지, 존재적인지를

분별해야 합니다.
정서적인 외로움은
다른 사람과 친밀한 관계를 못 맺고
늘 혼자라고 여겨질 때 다가오는 느낌입니다.
이 외로움을 치유하기 위해서는
중요한 타인 한 사람과
깊은 관계를 맺는 게 필요합니다.
사회적인 외로움은 목적 없음, 경쟁,
분노, 분주, 공허 속에 고립되어
늘 삶의 가장자리에 살고 있다고 여겨질 때
다가오는 느낌입니다.
이 외로움을 치유하기 위해서는
한 사람과 깊은 관계를 맺기보다는
자신을 친구로 받아주는 지지그룹 속에서
폭넓은 관계를 맺는 게 필요합니다.
존재적인 외로움은 하나님으로부터 소외된 채
삶의 목적과 의미를 상실했을 때
다가오는 느낌입니다.
이 외로움을 치유하기 위해서는
하나님과 헌신적인 관계를 회복하고,
그 다음에는 외로운 이 세상에서
진정한 품을 경험할 수 있는 신앙 공동체와도
친밀한 관계를 맺는 게 필요합니다.

박 집사님이 그 외로움의 정체를 분명히 아셨다면,
다음과 같이 치유의 단계를 밟아 나가시면 됩니다.

첫째,
외로움을 받아들이고,
그것으로부터 '도망' 치려고 하지 마십시오.
박 집사님이 한가한 시간이 날 때마다
뭐 또 할 일이 없나 살피거나,
혼자일 때 뭐 또 만날 친구가 없나 뒤적여 본다면,
박 집사님이 외로움을 회피하고 있다는 징후이지요.
끊임없이 일에 매달린다고 해서
외로움을 치유할 수가 없답니다.
그것은 외로움을 더욱 심화시킵니다.
기억하십시오.
평화로운 마음을 지닐 수 있는 비결은
박 집사님의 내적 감정이
외부 활동을 지향하지 않는 데 있습니다.

둘째,
박 집사님 자신에게 정직하십시오.
박 집사님의 강점과 약점을 인정하십시오.
예컨대, 박 집사님이 다른 사람들과
관계 맺는 방법을 곰곰이 생각해 보십시오.

박 집사님은 남의 이야기를 잘 들어주는 쪽입니까?
큰 소리로 꽥꽥대거나
도중에 말을 가로막음으로써
사람들을 통제하고 있는 것은 아닙니까?
교회나 직장이나 공동체에
갓 들어 온 새로운 사람들에게
잘 다가가는 쪽입니까?
다른 사람의 의견을 존중합니까?
박 집사님의 실제적인 상을 그려 보는 것은
박 집사님 자신을 받아들이는 데
그리고 평화를 발견하는 데 중요합니다.

셋째,
죄와 불완전함에 대한
하나님의 용서를 받아들이십시오.
하나님께서 용서를 통하여 주시는
평화를 받아들이십시오.
예를 들면, 박 집사님이 실수를 저질렀을 때,
그것을 인정하십시오.
하나님과 사람들에게 도움과 용서를 구하십시오.
하나님의 약속을 받아들이고 죄를 멀리하면서,
과거보다는 미래를 바라보십시오.

넷째,
박 집사님의 목적과 노력에 대하여
융통성을 지니십시오.
하나님께서 박 집사님을 받아들이시듯이,
박 집사님 자신을 받아들이십시오.
박 집사님의 능력 이상의 것을
강요하지 않으십니다.
이를테면, 박 집사님은
성경공부 그룹을 인도하는 것보다
아픈 이들을 위로하는 일을 더 잘할 수 있습니다.
또는 그 반대일 수도 있지요.
실수를 통하여 배우고 다시 시도하십시오!

박 집사님,

외로움을 통하여 성장할 수 있는 길이
몇 가지 더 있습니다.

먼저, 타인에게 가까이 다가가는 일입니다.
타인에게 다가가서
박 집사님을 내어주는 것을 통하여,
열린 마음과 세상에 대한 끊임없는 참여를
보장받게 되지요.

둘째로,
삶의 모든 면에서 행동을 취하는 일입니다.
박 집사님의 능력과 신앙을
가정에서, 직장에서, 교회에서—
박 집사님이 지금 속해 있는
공동체 어디서든지 간에—
행동으로 옮기십시오.
예를 들면, 사람들과의 의사소통을 제한하거나
한 가지 주제로 대화를 못 박지 마십시오.

셋째로,
우정을 맺고 유지하는 일입니다.
좋은 친구가 되는 데는
시간, 에너지, 이해심 등
아주 많은 요소들이 필요하지요.
다른 이들이 박 집사님이 즐기고 있는
활동에 참여할 수 있도록 초대하십시오.
대화를 나누어야 할 필요가 있는
사람을 알고 있거들랑 시간을 만들어 보십시오.

넷째로,
홀로 있는 시간을 계획하는 일입니다.
박 집사님의 삶을 평가할 시간—

묵상, 기도, 영성 지도를 위한 시간—
을 만들어 보십시오.
박 집사님은 홀로 있는 시간을 회피하는 대신,
그 시간이 얼마나 보배로운가를 알게 될 것입니다.

다섯째로,
도움을 구하는 일입니다.
다른 사람들이 박 집사님의 외로움을
치유할 수 없다고 할지라도,
그들의 도움과 후원을 통하여
큰 차이를 맛볼 수 있지요.
교회 지도자나, 후원 집단이나,
공동체 대표들을 만나서,
그들의 제안을 들어 보십시오.

마지막으로,
예배, 성경공부, 소그룹 활동,
개인적인 접촉 등을 통하여
다른 사람들과 자꾸 어울리십시오.

사랑하는 박 집사님,

결국 외로움을 통하여

박 집사님 자신과
평화로울 수 있도록 노력하십시오.
무엇보다도 먼저,
외로움은 때때로 모든 이에게 닥쳐오는
삶의 한 요소라는 사실을 받아들이십시오.
박 집사님 자신과
박 집사님의 감정을 이해하십시오.
하나님과 관계를 넓혀 가십시오.
박 집사님 주변에 있는 이들에게
가까이 다가가십시오.
그리고 이 시간 예수님의 말씀을
가슴에 기록하십시오:

"아버지께서 나와 함께 계시니,
나는 혼자 있는 것이 아니다"
(요한복음 16장 32절).

외로움을 치유하는 기도

좋으신 예수님,
아버지 없는 이들의
아버지가 되시며,
외로운 이들의
하나님이 되어 주시는 이여,
외로움을 통하여
주님과 함께
홀로 있을 수 있는 법을 가르쳐 주옵소서.

좋으신 예수님,
은밀한 마음을 향하여
말씀하시는 이여,
외로움이 제 영혼 안에서
주님의 현존이 되게 해주옵소서.
우리 주 예수 그리스도의 이름으로
기도드립니다. 아멘.

보기도 싫고 하기도 싫고

─ 분노의 치유 ─

에베소서 4:26

"화를 내더라도 죄는 짓지 마십시오.
해가 지도록 노여움을 품고 있지 마십시오."

분노의 탄식

"숲은 무성하게 푸르고
꽃들은 저리도 아름다운데,
왜 이리도 증오가 무럭무럭 자라는지.
자연에서 학대받고 있다는 느낌.
왜 이리도 짜증이 나는지.
왜 이리도 감정 조절이 안 되는지.
보기도 싫도,
하기도 싫고.
모든 게 역겹고,
사는 게 귀찮다.
그리스도인이라는 멍에가
내 목을 더욱 더 옥죄어 온다.
힘들다.
태양의 삼투압.

태양이 내 생명을 빼앗아
모조리 흡수해 가버리기에,
나는 빨래처럼
앙
상
하
고
버석버석
말려지는 느낌.
물기는
없고
살기만
남겨지는 느낌……."

분노의 치유

사랑하는 남 집사님,

집사님이 지난번
저에게 호소한 문제는
다름 아닌 분노의 감정이었습니다.
사소한 일에도 짜증이 나고,
잘못된 일을 보게 되면
속에서부터 올라오는
화를 참을 수가 없다고 하셨지요?
특히 누군가가 피곤하게 하면
큰소리라도 버럭 지르고 싶다고 하셨지요?
예수 믿는다는 것 때문에
맘대로 화를 낼 수도 없고,
그렇다고 그런 감정을 억누르고 지내자니
그저 답답할 뿐이라고 외치던

남 집사님의 분노가
지금 제 가슴에까지 메아리쳐 옵니다.

남 집사님,

과연 분노란 무엇일까요?
그것은 우리 모두가
때때로 느끼는 강력한 감정입니다.
그리고 그것은 전적으로
정상적인 감정입니다.
분노는 집사님이
다음과 같이 말할 때 느끼는 것이지요:

"네 태도가 날 진짜 열 받게 하고 있어."
"너 같은 놈 정말 싫다."
"내가 진짜 그랬다고?"
"네가 계속 그런 식으로 나오면,
나는 미쳐 버릴 것 같아."
"그럴싸한 네 농간에 내가 이 지경까지 됐다구."
"이 웬수야!"

오늘 우리 교회나 가정이나 직장에서
가장 다루기 서툰 감정이 분노입니다.

그런데 사람들이 분노하게 되는 데는
몇 가지 공통적인 원인이 있습니다.

첫째는, 좌절입니다.
"진짜 못해 먹겠네.
난 이렇게 사는 게 너무 싫어,
오늘도 결코 좋은 소리 못 들을 거야!"

둘째는, 상처입니다.
"당신이 나한테 어떻게 그런 말을 할 수 있어?
난 당신이 날 사랑하는 줄 알았는데."

셋째는, 짜증나게 하는 일입니다.
"너 이번 주 늦은 게 벌써 세 번째야!"

넷째는, 실망입니다.
"휴가 가려고 다 준비해 놨는데, 취소라니!
해도 해도 너무 하는 거 아냐?"

다섯째는, 괴롭힘이지요.
"내 뒤에서 좀 떨어져.
도대체 왜 이렇게 찝쩍거리면서 못살게 구는 거야."

여섯째는, 위협입니다.
"야, 행운을 차지 마.
이런 기회는 또 없을 거야."

분노 때문에 실제로
남 집사님이 '피가 끓어오른다' 거나
눈이 '충혈된다' 거나 하는 것은 아닙니다.
그러나 그것 때문에 집사님 몸에
어떤 변화들이 야기되는 건 사실입니다.
곧 좀 더 많은 당과 아드레날린이
혈관 속으로 흘러 들어갑니다.
심장 고동이 더 빨라지고 혈압이 올라갑니다.
피의 흐름이 빨라지고 근육이 긴장됩니다.
달리 표현하자면,
몸이 행동에 필요한 에너지를 발생시키면서,
남 집사님의 컨디션이 매우 나빠지지요.

분노는 남 집사님의 친구가 될 수도 있고,
적이 될 수도 있습니다.
집사님이 그것을 어떻게 표현하느냐에
달려 있습니다.
분노를 인정하고 적절하게
표현할 수 있는 방법을 앎으로써,

남 집사님은 목적 달성, 문제 해결,
급박한 일의 처리, 건강 보호에
도움을 받을 수 있습니다.
하지만 분노를 인정하고 이해하는 데 실패하면,
집사님은 건강 문제,
긴장, 사고, 인간관계의 어려움을 겪게 됩니다.

통제되지 않은 분노는 위험할 수 있습니다.
그것은 다음과 같은 것을 유발하지요:

첫째는, 범죄입니다.
때때로 강간, 재산 파괴, 살인,
그리고 그 밖의 다른 범죄 행위의 이면을 보면
분노가 숨 쉬고 있음을 알 수 있습니다.

둘째는, 학대입니다.
예컨대, 분노를 자제하지 못하는 사람은
가까이 있는 이들에게
심각한 육체적 · 정서적 손상을 가할 수 있습니다.

셋째는, 더욱 폭력적인 행위이지요.
주변 사람들에게 분노를 터뜨림으로써
그들을 통제하는 데 성공하는 사람은

계속해서 그런 식의 분노를 즐기게 됩니다.
분노가 더 강하게 싹트면 싹틀수록,
육체적인 폭력의 기회도 증가하게 되지요.

그렇다면 분노를 어떻게 다룰 수 있을까요?

무엇보다도 먼저,
집사님의 분노를 인정하십시오.
그리고 그것을 집사님 스스로 수용하십시오.
기억하실 것은,
분노란 정상적인 인간의 감정이기 때문에,
그것에 대하여 부끄러워하거나
죄책감을 느낄 필요가 전혀 없다는 사실입니다.
'숨어 있는' 분노의 표징들,
곧 긴장된 근육, 사고 칠 우려,
좌절감이나 실망감,
비꼬는 경향에 대하여 주목하십시오.

둘째로,
원인을 확실히 파악하십시오.
집사님의 분노에는 원인이 있지요.
부주의한 운전자가 집사님 차를 받았을 때처럼
그 원인이 분명할 때도 있지만,

어떤 때는 분노의 원인이
처음 생각했던 것과 전혀 다를 수도 있습니다.
이를테면, 바퀴가 터졌다고
애꿎은 바퀴를 찰 때가 있으나,
실은 고장 난 잭을 고쳐 놓지 않았던
자신에 대하여 화를 내고 있는 거지요.

셋째로,
해야 할 일을 결정하십시오.
그리고 그 결정을 밀고 나가십시오.
집사님이 해야 할 일은
상황에 따라 다를 것입니다.
그러나, 일반적으로,
남 집사님이 해야 할 일은
분노를 야기한 문제나 상황을 해결하려면
어떤 선택이 필요한지 결정하는 것입니다.
예를 들면, 분노를 직접적으로 표출하는 것이
유익을 가져다 줄 것 같은가,
아니면 더 해를 끼치게 될 것 같은가를
곰곰이 생각해 보십시오.
남 집사님이 선택한 것을 이행하기 위하여
적극적인 단계를 밟으십시오.
피할 수 없는 짜증거리, 반복적인 일상,

고된 업무와 잦은 근무,
윗사람들의 모순된 말이나 지시 등에 대하여
화를 안 낼 수 있는 방법들을 배워 놓으시면,
여러모로 도움이 되실 겁니다.

남 집사님,

분노와 맞닥뜨릴 때 침착하십시오.
동기를 이해하십시오.
주장을 분명하게 하십시오.
도움을 찾으십시오.
하지만, 개인적인 면을 앞세우지 마십시오.
쟁점을 회피하지 마십시오.
비난하지 마십시오.
말없이 뾰루퉁하지 마십시오.
성질 급한 사람을
좋아하는 사람은 아무도 없습니다.
그러므로, 남 집사님이
조금이라도 성질이 나는 것을 느낄 때는
유머, 육체적인 활동, 휴식과 기분 전환,
다른 활동이나 아이디어를 모색해 보십시오.
누군가의 분노가 위험 수위에 다다를 때,
남 집사님은 침착하십시오.

신중하십시오.
잘 들어 주십시오.
분노의 원인을 곰곰이 생각해 보십시오.
맞대응하지 마십시오.
폭력을 막을 수 있는 지혜가 여기 있습니다.

결국 남 집사님이 확실히 해야 할 것은,
분노는 1차 감정이 아니라
2차 감정이라는 것입니다.
분노는 뜨거운 것을 만지고
"앗, 뜨거워!" 하는 것과 같은 반응이 아니라,
화나게 만드는 상황에 대한
남 집사님 자신의 해석과 선택입니다.
그러므로 분노의 주체는
화나게 만든 사람이 아니라,
화를 내려고 선택한
남 집사님 자신이라는 것을 잊지 말아야 합니다.
그 누구도 남 집사님을 화나게 할 수 없습니다.
남 집사님 스스로가
화를 내기로 결정한 것일 뿐입니다.

사랑하는 남 집사님,

분노는 건강한 인간의 감정입니다.
그러므로 집사님 자신과
다른 사람들 속에 있는 분노를
인정하는 법을 배우십시오.
집사님이 내는 분노의
실제적인 이유를 이해하십시오.
집사님의 분노를 표현할 수 있는
건강하고 건설적인 방법을 발견하십시오.
그래서 이 아름다운 계절,
남 집사님이 분노의 노예가 되어 버리기보다
분노의 파도를 지혜롭게 조절할 수 있는
멋진 선장이 되시기를 간절히 빕니다.

분노를 치유하는 기도

사랑하는 주님,
제 마음이 왜 이럴까요?
이러면 안 되는데 싶으면서도
도무지 참을 수가 없습니다.
왜 저 사람이 나한테 이러는가
생각하면 할수록 괘씸해집니다.
분통이 터지고 잠도 오지 않습니다.
밥맛도 없고
도무지 일이 손에 잡히지 않습니다.
주님, 저를 굽어살펴 주옵소서.
제 마음을 어루만져 주옵소서.
저는 할 수 없으나
주님은 하실 수 있사오니,
부디 제가 마음의 평정을 찾게 해주옵소서.
저는 분노라는 단어가
되려 나에게 상처를 입혀,

이 감정을 붙잡고 있을수록
고통스러워질 뿐임을 잘 알고 있습니다.

사랑하는 주님,
이제 그를 위해서,
그리고 나아가 저를 위해서
용서라는 단어를 떠올리게 해주옵소서.
제가 남을 용서하기 전에
주님이 저를 용서하신 것을
기억하게 해주옵소서.
하찮은 것들에
더 이상 맘쓰지 않게 해주옵소서.
도우시어,
용서하고 잊어 버리게 해주옵소서.
마음이 고요해짐으로
만물이 새로와짐을 느끼게 해주옵소서.
주님의 은총을 기다리며,
우리 주 예수 그리스도의 이름으로
기도드립니다. 아멘.

다섯 번째 편지

●

너만 잘났어

― 소외의 치유 ―

이사야 26:3

"주님,
주님께 의지하는 사람들은
늘 한결같은 마음을 가진 사람들이니,
그들에게 완전한 평화를 주시기 바랍니다."

소외의 탄식

"막내인 저는
언니오빠들보다 공부를 잘해서
엄마아빠에게 늘 칭찬을 받았죠.
그래서 보이지 않는 두꺼운 벽을
쌓아 놓고 지낸답니다.
어쩌다 언니오빠들과 말다툼이라도 하면,
"그래, 넌 공부도 잘하고,
네 위엔 좋은 배경(부모님)이 있으니 좋겠다.
어떻게 너하고 우리하고 같겠니?"
하면서 저를 비난하곤 합니다.
이름 있는 고등학교에 다닌다며,
"너만 잘났어! 거지같은 학교에 다니는
우리들이 상대가 되겠니?"
늘 이런 식이예요.
전 이럴 땐 너무 참을 수 없어

울어버리거나 언니오빠들에게 대들죠.
그럼 혼나는 것은 늘 저구요.
부모님은 필요 이상으로 절 속박하십니다.
어쩌다 다른 책이라도 보고 있으면,
"그게 밥 먹여 주냐?"
라고 윽박지르십니다.
도대체 이해할 수가 없어요.
"우리 막내는 서울대 수석이야!"
이러쿵저러쿵,
나사로 내 머리를 마구
조여 오는 말씀만 하셔요.
전 어쩌면 좋아요?
가족 같지가 않아요.
아무도 함께 어울려 주지 않아요.
제가 마치 이방인 같아요.
난 언니오빠들보다 잘난 것도 없고
못난 것도 없고,
그저 똑같은데…….
한숨만 나오고
답답하고 괴로워요."

소외의 치유

사랑하는 송 집사님,

고등부에 다니는 따님을 만나보고
너무나 가슴이 아팠습니다.
단란하고 화목해야 할 집사님 가정에도
소외의 그림자가 드리워져 있다는 사실이
충격이었습니다.
집사님도 많이 놀라셨지요?

언젠가
'동물의 왕국' 퀴즈 프로그램을 보는데,
침팬지 사회에서도
소외의 문제가 존재함을 엿볼 수 있었습니다.
밀림에서 서열 1위인 인터로키가
자기 자리를 넘보는
서열 2위 쿨란데일의 도전을 물리치기 위하여,
사냥감을 시케나 사바나 리쿠자 같은

딴 동료들에게는 나눠 주면서도,
쿨란데일은 얼씬도 못하게 하고
완전히 따돌려 버리는 것을 보았습니다.
정글의 세계에서도 소외는
참으로 비참한 현실이었습니다.
동물 사회도 이러한데,
인간 사회야 오죽하겠습니까?

인간은 누구나
소외의 고통을 겪기 마련입니다.
나이 · 성 · 지역 · 인종 ·
문화 · 사회경제적인 수준 · 역사상의 시기 등,
그 어느 부분에서도 예외가 없습니다.
그래서 소외는 참 치유받기 어려운 아픔입니다.
인간으로서 우리는
소외의 고통에서 적당히 버텨 나갈 수 있는
정교한 방어기제와 방법들을 개발하기도 합니다.
하지만 그러면 그럴수록,
소외는 늘 내 내면세계에 잠재되어 있으면서,
언제든지 그 본 모습을 드러내고 맙니다.
아니, 순식간에 우리의
개인적 · 관계적 · 영성적 삶의 중심을
잠식해 버립니다.

신학자 틸리히는
죄(罪)의 본질을 설명하면서
이러한 소외 개념을 적용하였습니다.
곧 소외란 인간 존재의
상하고 깨어진 일면이라는 것입니다.
그렇습니다.
소외는 인간 실존의 '장애상태' 입니다.
그 가운데서도 가장 심각한 소외는
하나님과 분리되는 것입니다.
그래서 자기-소외와 동시에 일어나는
하나님으로부터의 소외를 치유하는 일이야말로
자연 세계로부터의 소외와
인간 사회로부터의 소외를 치유하는 지름길입니다.

인간 소외의 경험은
언제나 버림받음의 느낌을 동반합니다.
소외를 느낀다는 것은
소중하고 사랑하며 필요하다고 여기는
그 누군가로부터 또는 그 무엇으로부터
분리됨을 느낀다는 것입니다.
그리고 버림받음을 느낀다는 것은
조화롭고 화목하며 친근하게 느꼈던
그 무언가로부터 뿌리 뽑혀진 것 같은

느낌을 갖는다는 것입니다.
갑자기 고아가 된 느낌,
밖에 버려진 느낌,
그리고 뒤처진 느낌,
깨어지고 분리되고 내동댕이쳐진 느낌…….

에덴동산의 이야기가
그런 사실을 잘 대변해 줍니다.
아담과 이브의 타락, 그에 따른 추방,
이것은 모든 인간의 이야기이며,
모든 인간이 져야 할 짐이며,
모든 인간의 삶의 자리 한복판입니다.
심리학자들은 그것을 모체로부터의 분리,
또는 분리와 개별화 과정,
또는 자기-대상의 내면화라고 설명합니다.
영성신학자들은 이것을
영혼의 어두운 밤이나
절망의 수렁으로 들어가는 모험이라고
예리하게 묘사하기도 합니다.

사랑하는 송 집사님,

따님의 경우에서처럼,

인간은 누구나 본질적으로
사랑받고 싶고 인정받고 싶고
공감을 받고 싶어 합니다.
그 누구도 그런 욕구에서 벗어날 수가 없습니다.
인간은 내가 의지하는 이들에게
사랑과 인정과 공감을 받지 못할 때,
깊은 상처를 받게 되는 취약성을 갖고 있습니다.

그런 의미에서 소외는
원초적으로 한 아기가 부모와의 관계에서
따뜻한 시선과
안아주는 품을 경험하지 못해 생기는 아픔입니다.
어린 시절,
그렇게 생기기 시작한 감정의 틈이
바로 소외와 버림받음의 출발점입니다.

심리치료사인 코핫은
자기-대상관계를 통하여
부모와 아기 사이의 중요한
공감적 관계를 언급했습니다.
자기-대상관계란 아기를 돌보아 주고 달래 주며
정서적으로 안정되게 보살펴 주는 등
아기 스스로 할 수 없는

심리적 역할을 제공해 주는 타인
곧 '자기-대상'에게 의존하는 관계입니다.
본디 이 자기-대상(self-object)이라는 말은
대상관계 이론에서 사용하는 용어입니다.
아기의 거울 역할을 해주는
주요 대상을 의미합니다.
주로 부모가 그 역할을 떠맡지요.
아기는 자기의 확장으로서 자기-대상을 경험합니다.
유년기에는 부모들이
각 개인의 가장 중요한 자기-대상이 됩니다.
청소년기에는 점점 또래집단이
중요한 자기-대상이지요.
그리고 성인기에는
배우자와 친구들과 직장 동료들을
자기-대상으로 경험하게 될 것입니다.

그러므로 이러한 자기-대상들에게서
지속적으로
적절하고 믿을 만한 경험을 하게 되면,
인간은 자신의 내면세계에
긍정적인 구조를 갖게 되어,
자신이 가치 있는 존재라고 생각하게 됩니다.
반면에, 이러한 자기-대상들로부터

무관심하고 적대적이고
지나치게 비판적인 취급을 받게 되면,
인간은 자신의 내면세계에
부정적인 구조를 갖게 되어,
수치감과 무가치함과 상처를 느끼게 됩니다.

초등학교 때 도벽으로 고생한 적이 있습니다.
갑작스런 이사, 부모님의 갈등,
황무지를 개간하여 과수원을 만드느라
눈코 뜰 새 없이 바빠진 일상,
부모님은 자식들을 돌볼
마음의 여유가 전혀 없으셨습니다.
이렇게 부모님의 관심권에서 벗어난 나는
뭔가에 홀린 듯
자꾸 친구들에게 먹을 것을 사다 주었습니다.
밭에서 나는 과일도 따다 주고,
구슬도 갖다 주고,
딱지도 사다 주고,
과자도 사다 주고…….
친구들에게 인정받고 싶은 심정에서,
그들 사이에 끼고 싶은 바람에서
그랬던 것 같습니다.
"사주면 받아먹고,

나중에 와서 꼭 말하라"
는 것이 선생님의 지시였다는 것을
나중에야 알고,
무척 서글펐습니다.
친구들 사이에 끼고 싶은데,
모두가 다 나를 따돌리고 있다는 생각에
괴로워했지요.
아버지가 소중히 여기시던
금빛 저금통을 깨서
아이들에게 먹을 걸 잔뜩 사다 준 날,
죽도록 매를 맞았습니다.
며칠간 학교도 못 갔습니다.
외딴 산골,
집 뒤뜰에서 혼자 공집기를 하고 놀았지요.
누나들이 하던 놀이를
나 홀로 흉내 내고 있을 때의
그 참담한 기분…….
아무도 없었습니다.
나 혼자였습니다.
어머니도,
아버지도,
식구들도, 친구들도,
모두가 나와는 딴 세계에 있는 것 같았습니다.

나만이 홀로 이방인처럼,
모두에게 따돌림을 당하며
이렇게 비정상적인 삶을 살아간다는 게
서글펐습니다.
내 모습이 스스로도
너무 처량하게 여겨졌습니다.
나는 왜 이럴까 하는 생각이
물밀듯 파고들었습니다.
어머니는 학교까지 찾아오셔서
담임선생님께 자초지종을 말씀하셨습니다.
급기야 선생님은
전교생이 다 보는 가운데서
나를 운동장 한쪽으로 부르시더니,
내 손이 문제라며
담뱃불로 지지려 하시는 것이었습니다.
어머니는 저 쪽에서 바라만 보실 뿐
아무 말씀도 없으셨습니다.
수치감!
그러나 창피한 것은 둘째 치고,
너무 서러웠습니다.
아니, 너무나 외로웠습니다.
왜 내가 이래야 하는지!
도무지 내 안에 있는 나를

나 자신도 알 수가 없었습니다.

그러던 어느 날 새벽이었습니다.
무슨 소리가 나서 잠을 깼는데,
머리맡에서 어머니가
울고 계시는 것이었습니다.

"하나님,
이 아들이 갈피를 못 잡고
방황하고 있습니다.
이렇게 어미 속을 썩이니
어찌하면 좋습니까?
제발 이 아이를
바른 길로 인도해 주십시오."

나는 도저히 어머니의 울부짖는
그 기도를 듣고만 있을 수가 없었습니다.
벌떡 일어나서
어머니 품속으로 달려들었지요.
그리고 어머니 가슴에 안겨 마냥 울었습니다.
그때 생각에 어머니의 가슴이
왜 그렇게도 따뜻했던지…….
마치 먼 길을 여행하고 돌아온 순례자처럼,

나는 그 품속에서
그 동안의 지치고 곤한 몸과 마음을
녹일 수 있었습니다.
가정의 따스한 공간,
특히 어머니의 안아 주는 품을 잃어버린 채,
친구들 사이에서
그리고 가족들 사이에서
외로움과 소외감에
시달려야 했던 아픔들이
한꺼번에 치유되는 것을 느낄 수 있었습니다.
그리고 훗날,
나는 깨달았습니다.
나는 돈을 훔친 게 아니라,
잃어 버린 어머니의 사랑을 훔치고 있었음을…….

사랑하는 송 집사님,

갈수록 이지메니 고문관이니 왕따니
하는 이야기가
사회적인 쟁점으로 떠오르고 있습니다.
그런데 우리 부모들은
지금 저마다 가정에서
이런 소외된 자녀들에게

어떤 자세로 다가가고 있습니까?
그들의 굼뜬 행동과 어눌한 말투와
짜증스런 태도를 탓하기 전에,
우리는 왜 그런 자녀들을
따뜻하게 받아 주지 못하는 걸까요?
심리치료사인 비온이 말하듯,
우리 가정에서는 서로가 서로를 위하여
따뜻하게 담아 주는 그릇(container)이 필요합니다.
그래야 가정이 살아납니다.
세상에서 가장 따뜻한 품을 경험해야 할 곳은
두말할 필요도 없이 '가정' 입니다.
가정이야말로 담아 주는 그릇이 되어야 합니다.
그래야 교회도 살아나고
나라도 살아납니다.

가정의 달 5월,
그래서 더욱 더
이 땅의 가정들을 위하여
기도하지 않을 수 없군요.
송 집사님도 이번에 절실히 깨달으셨듯이,
가정(Home)이야말로
모든 것의 출발점이기 때문입니다.

소외를 치유하는 기도

하나님,
하나님이 기도 가운데
부르짖는 이들에게서
멀찍이 계시는,
이방인이 결코 아니시라는 말을
수도 없이 들어온 저입니다.

하나님,
그 말이 참되다는 것을
제가 지금 삶 속에서
보고 알게 해주옵소서.
제가 마음 깊은 데서,
하나님의 성자,
예수 그리스도,
저의 구세주를 인정할 수 있는
믿음과 기쁨을 주옵소서.

제가 수용적이고 개방적인 사람이 되어,
아빠의 손에서
빵을 받아 떼는 아이들처럼
하나님의 나라를 받아들이게 해주옵소서.
하나님의 평화 안에서,
이 세상 다하는 날까지
하나님과 함께 편히 살게 해주옵소서.
그리스도이신 예수님의 이름으로
기도드립니다. 아멘.

두근두근 지근지근

— 스트레스의 치유 —

“나는 평화를 너희에게 남겨 준다.
나는 내 평화를 너희에게 준다.
내가 주는 평화는,
세상이 주는 평화와 같은 것이 아니다.
너희는 마음에 근심하지 말고,
두려워하지도 말아라.”

스트레스의 탄식

"가슴이 두근두근 조여 오고,
숨이 막힙니다.
근육이 경련을 일으키는데,
팔다리도 부들부들 떨리는 거 있지요?
머리가 지근지근 쑤셔서
잠시도 안정을 누릴 수가 없습니다.
밤잠을 서너 시간밖에 못 자고
계속 뒤척입니다.
갑자기 체중도 6킬로그램이나 줄었어요.
세상에 혼자서만 뭐가 잘못된 것 같아요.
억지로 식사라도 해보려고 하지만,
밥알이 모래알을 씹는 것 같습니다.
만사가 귀찮고,
의욕도 없고,
짜증만 납니다.

옆에서 관심을 가져주는 것도
귀찮습니다.
꼴도 말이 아닙니다.
몸도 마음도 다 망가지고 있습니다.
삶이 이렇게 허망할 수가 있나요?
나 때문에 눈치 보며,
대화도 없고
웃음도 없어져 버린
집안 분위기가 너무 안 됐어요."

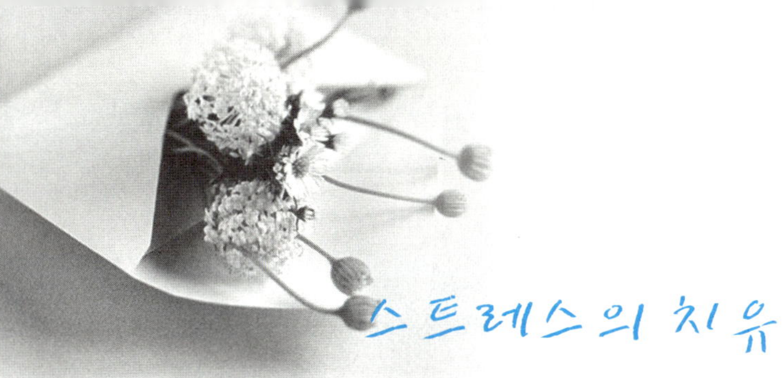

스트레스의 치유

사랑하는 정 집사님,

사는 게 버거우시지요?
집사님과 상담을 하다 보니,
여기저기서 스트레스를
많이 받고 계시는 것을 발견하였습니다.

스트레스!
이 시대는 가히
'스트레스'의 시대라 할 만합니다.
하루에도 몇 번씩 우리 입에서는
"스트레스 받는다!"
는 말이 쏟아져 나옵니다.
스트레스를 먹고,
스트레스를 입고,
스트레스를 마시고,

스트레스와 함께
현대사회의 메마른 아스팔트 위를 배회합니다.
이 '스트레스' (stress)라는 말은
물론 영어이지만,
이제는 텔레비전이나 아이스크림처럼
완전히 일상 언어가 되어 버렸습니다.

정 집사님,

여기 홈즈와 래(Holmes & Rahe)가 만든
"스트레스 수치 분석표"가 있습니다.
그들은 기쁜 일이나 괴로운 일 모두가
생활의 변화를 의미하는 한
스트레스가 되며,
생활사건 하나하나의 심각성이 문제가 아니라,
그 사건들의 전체 영향
곧 생활 변화량이 중요하다는
사실을 밝혀냈습니다.
아래의 표에서 스트레스 수치를 더한 결과가
300이상이 나오면,
그 중의 80퍼센트 이상은
신체적 · 정신적 질병에
걸릴 가능성이 있습니다.

150-199이면 비교적 가벼운 생활위기,
200-299이면 중간정도의 위기,
300이상이면
심각한 생활위기라고 볼 수 있습니다.

〈스트레스 수치 분석표〉

생의 사건 ······························· 스트레스 수치
배우자 사망 ······························ 100
이혼 ···································· 73
부부별거 ································· 65
투옥 ···································· 63
가족사망 ································· 63
부상이나 질병 ···························· 53
결혼 ···································· 50
해고 ···································· 47
결혼갈등의 화해 ·························· 45
은퇴 ···································· 45
가족건강의 변화 ·························· 44
임신 ···································· 40
성적인 장애 ······························ 39
식구의 증가 ······························ 39
사업상의 변화 ···························· 39

집사님,

이제 좀 이해가 되시나요?

보셨듯이,

남녀노소 할 것 없이 스트레스를 받습니다.

하는 일이 뜻대로 풀려나가지 않으면,

스트레스입니다.

출퇴근 시간에 콩나물시루처럼

지하철에서 시달리는 것도 스트레스이고,

교통 체증으로 차 안에서

마냥 기다리는 것도 스트레스이며,

공부나 시험도 스트레스입니다.

업무가 많아도 스트레스이고,

사랑하는 사람이 결별을 선언해도 스트레스이며,

사업이 안 되어도

또 너무 잘 되어서

눈코 뜰 새 없이 바빠도 스트레스입니다.

실직이나 이혼 못지않게,
승진이나 결혼도 스트레스가 될 수 있습니다.
아무튼 누구나
인생의 봄·여름·가을·겨울을 사는 동안,
긍정적이든 부정적이든
스트레스를 받게 마련입니다.
하지만, 그것이 누적되면 병을 가져옵니다.
만병의 근원이지요.
스트레스는 그야말로 지독한
'현대병' (現代病)이라고 할 수 있습니다.
바쁘게 바쁘게 달려 온
우리 현대인의 삶이
이렇게 스트레스를 받아
아파하는 소리를 내는 것도
어쩌면 당연한 결과 아닐까요?

그렇다면 정 집사님,

스트레스란 정확하게 무엇일까요?
무엇보다도 그것은 긴장과 관련되어 있습니다.
새롭거나 불쾌하거나
위협적인 상황에 처했을 경우
느끼게 되는 것입니다.

스트레스는 위험이나 요구에 따르는
자동적인 신체적 반응입니다.
근육이 뻣뻣해지고,
혈압이 높아지고,
심장 박동이 빨라지고,
아드레날린의 분비가 많아지지요.
이것은 오랜 세월에 걸친 생존 반응입니다.
그 목적은 위험과 싸우는 데ー
또는 위험으로부터 도망치는 데ー
필요한 힘을 부여하는 데 있습니다.

누구나 스트레스의 영향을 느끼고 있습니다.
스트레스는 생활의 한 요소입니다.
어떤 스트레스는
정 집사님에게 이로울 수도 있습니다.
정 집사님이 삶의 도전에 좀 더 잘 응하도록
고무시켜 주기 때문이죠.
하지만 너무 지나친 스트레스는
정 집사님의 육체적·정신적 안녕을
해치게 된답니다.
바로 그 때문에
스트레스를 조절해야 되는 것입니다.
스트레스가 정 집사님을 조절하지 못하도록 말이죠.

이 스트레스가 정 집사님에게
미치는 영향은 어떤 것일까요?
스트레스의 신체적 징후로는
신경과민 · 손톱을 물어뜯음 · 수족냉증 ·
근육긴장 · 무기력 · 두통 등이 있습니다.
그리고 스트레스의 심리적 징후로는
혼란 · 우울증 ·
수면이나 식사나 성 생활의 변화 ·
기분 변화 · 알코올과 약물 사용의 증가 등을
들 수 있습니다.

정 집사님,

이 해로운 스트레스를 조절하기 위해서
다음과 같은 원칙에 따라
개인적인 스트레스 조절 프로그램을 짜보십시오.

첫째로,
정 집사님이 즐길 수 있는 일을 하십시오.
물론 하고 싶지 않은 일들도 있겠지요.
그러나 어차피 해야 할 일이라면
그것을 즐기십시오.
삶의 태도를 어떻게 견지하느냐에 따라

정 집사님의 행복과 불행이 판가름 납니다.

둘째로,
운동은 육체적 긴장과 정신적 긴장을
해소할 수 있는 멋진 방법이지요!
연구 결과들을 보면,
운동을 하는 동안에
(이른바 "엔돌핀" 이라고 불리는)
신경 안정제가 뇌에서 분비됩니다.
운동은 유쾌하게 긴장을 완화시켜 주지요.
자연스럽게 말이죠!
정 집사님이 매력을 느낄 수 있는
운동을 아무거나 선택하십시오.
대부분의 의사들은
매주 3-4회 정도에 걸쳐서
최소한 30분 정도는 운동을 할 것을 권하지요.
그러나 과도한 운동은 삼가십시오.
점차적으로 운동량을 늘려 가십시오.
운동을 시작하거나 끝낼 때마다
워킹과 스트레칭으로 진정을 시켜 주십시오!

셋째로,
심호흡을 해보십시오.

올바른 호흡은 스트레스를 줄이기 위한
가장 효과적인 기술들 가운데 하나입니다.
우리의 호흡 방식은
근육의 긴장과 사고방식과
감정에 영향을 미친답니다.
먼저, 팔과 어깨를 느슨하게 펴십시오.
머리로 원을 몇 번 그리십시오.
처음에는 오른쪽으로,
그 다음에는 왼쪽으로 돌리십시오.
눈을 감으십시오.
숨을 깊게 들이쉰 다음 내뱉으십시오.
반복하십시오.
호흡에 정신을 집중하십시오.
스트레스가 되는 생각들은 뒤로 젖혀 두십시오.

넷째로,
충분한 수면을 취하십시오.
그러면 확실히 힘차고 민첩하게
날마다 도전에 응할 수 있을 거예요.

다섯째로,
현명하게 시간을 관리하십시오.
날마다 해야 할 일들의 목록을 정하십시오.

그러면 순서 있게 효과적으로
일상적인 일들을 꾸려 나갈 수 있을 것입니다.
한꺼번에 모든 일을
다 해내려고 애쓰지는 마십시오.
현실적인 목표를 정하십시오.
우선순위를 정하십시오.
오늘 할 수 있는 것과
할 수 없는 것을 분명히 하십시오.

여섯째로,
분노를 쫓아내 버리십시오.
분노가 정 집사님을 이기게 내버려두지 마십시오.

일곱째로,
가볍게 드십시오.
가볍게 먹으면 기분도 가벼워지죠.
설탕이나 소금,
그리고 살찌는 음식들은 절제하십시오.
가능한 한 과일과 채소,
그리고 자연 식품을 드십시오.

여덟째로,
걱정을 털어놓으십시오.

신뢰할 만한 사람,
곧 목사님이나 구역장이나
신실한 친구와 대화를 나누는 것은
정 집사님의 문제를
올바르게 파악하기 위한 좋은 방법입니다.

아홉째로,
휴식을 취하십시오!
가끔씩 일에서 벗어나 휴식을 취하십시오.
그러면 기분이 새로워지고 긴장도 풀릴 거예요.

열째로,
스트레스 조절의 대용품을 찾지 마십시오.
다시 말해서 알코올이나 약물이나
담배의 섭취를 줄이거나 배제해야 됩니다.
알코올은 잠깐 동안 스트레스를 감출 수 있지요.
하지만 정서적 긴장과
육체적 긴장을 지울 수는 없답니다.
카페인도 마찬가지입니다.
커피나 차를 온종일 마시는 것으로
강렬한 힘을 지속시킬 수는 있으나,
마음을 편안하게 해주지는 못하죠.
니코틴은 또 어떻고요.

흡연은 심장 박동을 빠르게 하고,
혈압도 높여 주고,
신체에서 산소를 빼앗아 가기도 하며,
스트레스를 줄일 수 있는 능력을
방해하기도 하지요.
진정제나 신경 안정제도 안 좋습니다.

사랑하는 정 집사님,

가족들을 돌보느라,
업무를 처리하느라,
사람들을 상대하느라
스트레스가 많으시지요?
이제 그 스트레스에 대해서 배우십시오.
정 집사님의 삶에서
스트레스를 주는 상황을 인식하십시오.
해로운 스트레스의 원인들을 줄여 나가기 위하여
단계를 밟으십시오.
정 집사님이 즐길 수 있는
스트레스 감소 기술을 발견하십시오.
그리고 그 방법에 계속 몰두하십시오.
오늘부터 정 집사님의 개인적인
스트레스 조절 프로그램을 시작하십시오!

그렇습니다.
현대병의 주범인
이 스트레스를 치유하기 위해서는
가끔씩 하늘을 보는 마음의 여유가 필요합니다.
시인 김영랑이 노래하듯이,
내 마음 고요히 고운 봄길 위에
오늘 하루 하늘을 우러러 봄 직합니다:

돌담에 속삭이는 햇발같이
풀 아래 웃음 짓는 샘물같이
내 마음 고요히 고운 봄길 위에
오늘 하루 하늘을 우러르고 싶다……

스트레스를 치유하는 기도

낮이 기울어 밤이 되듯이,
종종 즐거움도 잠깐 지난 뒤,
제 마음은 기울어 우울해집니다.
모든 것이 재미없어 보이고,
모든 행동이 짐처럼 느껴집니다.
사람들이 웅성대나 듣고 싶지도 않고,
사람들이 노크하나 들리지 않습니다.
제 마음은 부싯돌처럼 단단합니다.
그럴 때면 저는 들로 나가 명상을 하고,
성경을 읽는가 하면,
주님께 드리는 편지에
저의 심층적인 생각을 적어 봅니다.

사랑의 주님,
그러면 갑자기 주님의 은혜가,
광명 속에서 어둠을 깨트리고,

짐을 들어올리며,
긴장을 누그러뜨립니다.
곧 한숨이 변하여 눈물이 되고,
그 눈물 바다에서
하늘의 기쁨이 저를 뒤덮습니다.
할렐루야!

한 지친 여인이
서 있었어요

— 거짓자기의 치유 —

"아, 나는 비참한 사람입니다.
누가 이 죽음의 몸에서
나를 건져 주겠습니까?
우리 주 예수 그리스도를 통하여
나를 건져 주신 하나님께 감사를 드립니다.
그런데 내가 마음으로는
하나님의 법에 복종하고,
육신으로는 죄의 법에 복종하고 있습니다."

거짓자기의 탄식

"105번 버스 안,
빈자리가 없어 좌석 손잡이를 잡고 서 있었어요.
그렇게 조금을 서 있으려니
빈자리가 눈에 띄어,
아무 생각 없이
그 자리에 몸을 던지듯 털썩 주저앉았지요.
순간, 나를 주시하는 눈길이 느껴졌어요.
20대 중반의 늘씬하고
싱그러워 보이는 여자가
냉소어린 눈으로 내 위아래를 훑고는
창밖으로 시선을 돌려버렸어요.
깔끔한 정장에 세련된 백,
그리고 색의 조화를 잘 맞춘 스타킹과 구두.
그녀는 내 20대 시절만큼이나
도전적이고 당당해 보였어요.

얼굴이 화끈거리고 모멸감을 느꼈지요.
나는 다음 정류장에서
도망치듯 버스를 빠져나와 버렸어요.
집으로 돌아온 내 머리 속으로,
그 20대 여자의 냉소어린 눈길이 집요하게 떠올랐어요.
옷을 갈아입으면서
거울에 비친 내 모습을 물끄러미 바라보았지요.
그 속엔 한 지친 여인이 서 있었어요.
41살, 생기를 잃은 눈,
잔주름투성이의 짜증스런 입술,
두 번의 출산으로 늘어진 뱃살,
외로운 가슴,
처진 엉덩이…….
아이들과 남편을 위해
헌신적으로 살아온 그 세월조차
부질없이 느껴져요.
나에겐 능력도 취미도 친구도 없어요.
고작해야 TV 시청, 라디오 청취,
그게 전부지요.
허무해요.
소외감이 밀려와요.
텅 빈 32평의 정적이
내 가슴을 죄어 와요."

거짓자기의 치유

사랑하는 송 집사님,

새벽기도가 끝나고
교회 앞마당을 돌면서
침묵기도를 드리다보니,
어느새 이곳 강원도 산골짜기에도
가을이 성큼 와 있다는 것을 느끼게 됩니다.
이른 아침의 상쾌한 바람,
이름 모를 새들의 경쾌한 울음소리,
익어 가는 황금벌판….
그러다 문득,
교회 현관 앞 대형거울 앞에 서서,
아주 낯선 얼굴을 발견합니다:

'거울에 비친
저 사람은 누구인가?

바로 내가 아닌가?
그렇다.
이 세상에서 가장 가까우면서도,
그렇게 멀리 느껴졌던 저 사람,
바로 나 자신이었구나.
이 세상에서 내가 아니면
나를 위해 줄 사람이 아무도 없는데,
나는 나 자신을 얼마나
학대하고 미워하고 혹사시켰던가?
가장 사랑해야 함에도,
가장 미워하고 소외시켰던
저 사람, 나 자신…….'

아마, 지금 집사님도
저와 비슷한 심정이신 것 같아요.
거울을 바라보는 나의 모습이
어쩐지 민망스럽고,
왠지 슬퍼 보아고,
갑자기 외로워집니다.
몹시 지쳐 보이는 나,
잔뜩 심술이 나고 화가 난 나,
한없이 부끄러운 나,
어느새 변해 버린 나,

어린 시절의 진실을 잃어버린 나,
너무도 볼품이 없는 나,
마냥 웃음이 나오는 나,
자꾸만 연약해지는 나,
그리고 무섭도록 경직되어 있는 나…….

나치의 억압 아래서도
끝내 불의에 무릎을 꿇지 않았던
독일의 본훼퍼 목사님은
옥중에서 유명한 시(詩)를 남겼습니다.
암울한 시절,
종교 지도자로서 사람들의 신망을
한 몸에 받으면서도
'참자기'와 '거짓자기'의 문제로
고민하고 있는 그분의 인간됨을
잘 들여다볼 수 있습니다:

나는 무엇?
남들은 가끔 나더러 말하기를
감방에서 나오는 나의 모습이
어찌 침착하고 명랑 확고한지,
마치 자기 성에서 나오는
영주 같다는데.

나는 무엇?
남들은 가끔 나더러 말하기를
감시원과 말하는 나의 모습이
어찌 자유롭고 친절 분명한지
마치 내가 그들의 상전 같다는데.

나는 무엇?
남들은 또 나에게 말하기를
불행한 하루를 지내는 나의 모습이
어찌 평온하게 웃으며 당당한지
마치 승리만을 아는 투사 같다는데.

남의 말의 내가 참 나냐?
나 스스로 아는 내가 참 나냐?

새장에 든 새처럼
불안하고 그립고 약한 나,
목을 졸린 사람처럼
살고 싶어 몸부림치는 나,
색과 꽃과 새소리에 주리고
좋은 말 따스한 말동무에 목말라하고
방종과 사소한 굴욕에도

떨며 참지 못하고
석방의 날을 안타깝게 기다리다
지친 나.

친구의 신변을 염려하다 지쳤다.
이제는 기도에도,
생각과 일에도 지쳐
공허하게 된 나다.
이별에도 지쳤다—
이것이 내가 아닌가?

나는 무엇?
이 둘 중 어느 것이 나냐?
오늘은 이 사람이고
내일은 저 사람인가?
이 둘이 동시에 나냐?

남 앞에선 허세,
자신 앞에선 한없이 불쌍하고
약한 난가?
이미 결정된 승리 앞에서
무질서에 떠는
패잔병에 비교할 것인가?

나는 무엇?
이 적막한 물음은
나를 끝없이 희롱한다.
내가 누구이든 나를 아는 이는
오직 주님뿐.
나는 주님의 것입니다.
오, 하나님!

집사님,

이렇듯 집사님 자신의
본디 모습을 찾는 일이 쉬운 일은 아닙니다.
때론 위험할 수도 있습니다.
"언제 그런 것을 찾을 시간이 있느냐?"
고 하는 사람도 있을 것입니다.
"열심히 살고 부지런히 움직이는 것 자체가
의미 있는 삶 아니냐?"
고 반문하는 사람도 있을 것입니다.

하지만 그것은
기계가 움직이는 것이지
살아 있는 내가 움직이는 것이 아닙니다.
기계는 분별력이나

위기를 대처하는 능력을 갖고 있지 않습니다.
다만 주어진 프로그램대로 움직일 뿐입니다.
분명한 자아를 찾지 못한 사람은
단순한 데서 행복을 느낄 수 있을지 모릅니다.
그러나 그 이상의 행복과
기쁨의 비밀을 알 수 없습니다.
위기가 올 때 위기관리 능력을 갖추지 못합니다.
그래서 다가올 미래를
진정으로 준비하지 못합니다.

송 집사님,

심리학자 롤로 메이는
〈자아를 잃어버린 현대인〉에서
현대인에게 가장 큰 위기는
자아를 잃어버린 것이요,
여기에서 인간의 모든
불행이 비롯된다고 말하고 있습니다.
현대를 살아가는 남녀노소들은
바쁘게 돌아가는 시간의 수레바퀴 속에
정작 자신이 누구이며,
무엇 때문에 정신없이
살아가고 있는지를 모르고 있습니다.

저마다 자기 자신의 모습을 비추어 볼
영혼의 거울이 내 방에 없습니다.
이 사실을 문득 깨달았을 때의
당혹스러움이란 뭐라 표현할 길이 없습니다.

'내 방에 거울이 없다니!
지금까지 난 무엇을 위하여(for what?),
무엇을 향하여(to what?),
그렇게도 열심히 뛰어왔단 말인가?

언젠가 텔레비전에서
〈세상에 이런 일이〉라는
프로그램을 본 적이 있습니다.
가수 조성모가 너무 좋아
시장바닥에서 이어폰을 끼고
하루 종일 그의 노래를 따라 부르는
한 아주머니의 이야기가 소개되고 있었습니다.
"내가 주책으로 보여?"
인터뷰를 요청하는 기자가
되레 쑥스러워지도록
아주머니는 너무나 태연하게 말을 받았습니다.
"나는 조성모가 너무너무 좋아.
조성모의 노래를 듣고 있으면

맺힌 가슴이 뻥 뚫리는 것 같아.
내 마음을 어쩌면 그렇게
잘 읽어내고 잘 표현하고 있는지……."

조성모의 노래, CD, 팸플릿,
사진, 신문 스크랩, 팬클럽, 공연장…….
조성모에 관한 한
모르는 것이 없었고,
안 가본 곳이 없었고,
없는 것이 없었습니다.
그 여인은 진짜로 조성모에 대해서,
아니 그의 노래에 대해서
푹 빠져 있었습니다.
정신병자도 아니었고,
그렇다고 주책바가지도 아니었습니다.
사람이 정말 진짜 무언가를 좋아하면
저럴 수 있겠다 싶어 공감이 갔습니다.

중년기(mid-life stage)의 위기 속에서
자기 자신의 진정한 모습을
어디서 어떻게 찾아야 할지 몰라
방황하던 여인,
그녀는 조성모의 노래를 들으며,

비로소 자신의 자아를 재발견하고,
이전에는 느껴볼 수 없었던
활력과 기쁨을 되찾았던 것입니다.
수동적인 아줌마에서
이제는 적극적으로 삶에 참여하는
성숙한 여인으로 변해가고 있었습니다.
살아 있다는 생생한 느낌을
되찾은 아주머니,
그녀는 진짜 멋쟁이였습니다.

그러나 송 집사님,

전 그 방송을 보면서
한편으로는 아쉬움이 가시지를 않았습니다.
그렇게 해서 정말
그 여인이 자기 영혼의 목마름을
해갈할 수 있을까?
조성모의 노래 속에서
진정 자기 영혼의 배고픔을
해결할 수 있을까?
삶의 진정한 의미를
오로지 그것으로만 깨달을 수 있을까?

사랑하는 송 집사님,

이렇게 인생의 의미와 목표를
잃어버린 채
방황하는 현대인들에게
'참자기' (True Self)를 발견하고
직시할 수 있도록 도와주시는 분이
우리 주님이십니다.
값싼 평안과 위로가 아니라,
때로는 내적 갈등을 일으켜
고민하게 하시고,
때로는 쉬운 문제해결보다
어려운 문제제기 속으로
우리 삶을 몰아치십니다.

송 집사님에게는
지금 이 순간이 마치
'영혼의 어둔 밤'
(The Dark Night Of The Soul)
일 수도 있습니다.
그러나 주님께서는 지금도 함께 계셔,
집사님이 하나님 앞에서
'참자기' 를 찾아가도록

끊임없이 용기와 도전을 주십니다.
그러므로 이제는
'거짓자기' (False Self)로 가득 찬
집사님의 허울을
주님 앞에서 훌훌 벗어버리십시오.

이 가을,
하나님의 성령이
바람 부는 대로 집사님을 이끄실 때,
그럴수록 '참자기' 를 찾아,
내면 깊은 곳으로
영혼의 여행을 떠나십시오.
설혹 그것이 집사님의 계획에
맞지 않는다 하더라도,
설혹 그것이 고통스런 길이라 할지라도.

집사님,

이 가을은
집사님 인생에서
또 다시 찾아오지 않을 것입니다.
올 가을은 이번이 처음이자 마지막입니다.
그래서 이 가을아침은

신비롭기까지 합니다.

아무쪼록
이 가을의 고요한 정취 속에서
송 집사님만 들어갈 수 있는
고독한 내면의 방을 마련하십시오.
그리고 그 영혼의 거울 앞에 서서,
거울 속의 '참자기' 와
대화를 시도하십시오.
그래서 마침내는
송 집사님 스스로
인생의 의미와
중년의 기쁨을 되찾는
재창조의 계절이 되었으면 합니다.

거짓자기를 치유하는 기도

아아,

사랑의 하나님,

나의 구주여,

주님은 영원히

감미로운 매력을 가지고 계십니다.

주님은 제 마음의 갈망이시며,

제 지성의 굶주림과 목마름이십니다.

주님을 맛보면 볼수록

저의 굶주림과 목마름은 더하고,

주님의 샘에서 마시면 마실수록

제 갈증은 더욱 심합니다.

오십시오,

주 예수시여,

어서어서 오십시오! 아멘!

여덟 번째 편지

산소를 맴도는 아이

― 역기능 가정의 치유 ―

요한일서 4:11-12

"사랑하는 여러분,
하나님께서 이렇게까지
우리를 사랑하셨으니,
우리도 서로 사랑해야 합니다.
지금까지 하나님을 본 사람은 없습니다.
그러나 우리가 서로 사랑하면,
하나님께서 우리 가운데 계시고,
또 하나님의 사랑이 우리 가운데서
완성되는 것입니다."

역기능 가정의 탄식

"세 살 때 아버지가
교통사고로 돌아가시고,
얼마 후 어머니는
저와 동생을 보육원에 던져놓고
도망가 버리셨지요.
그 때 마음이 많이 아팠어요.
친할머니께서 보육원에 있는
저와 동생을 발견하시곤 많이 우셨어요.
그래서 할머니는
양부모님도 얻어주시고
그분들에게 돈도 많이 주셨는데,
몇날며칠을 동생과 단 둘이 집을 지켰어요.
동생이 울면 달래 주고,
똥 싸거나 분유를 줄 때는

옆집 아주머니를 찾았어요.
그러다가 여섯 살쯤이던가,
나는 쪽지 한 장과
돼지저금통을 들고
아버지 산소를 찾아갔어요.
산소에서 울다 기도하다 지치면 잠들고…….
동네 아저씨에게 발견되어
여섯 달을 보호받으며
산소 주변을 맴돌았어요.
그러다 설날,
할머니는 다시 산소에서 노는 저를 보시고
또 우셨지요.
그리고 다시 양부모님에게 왔는데,
그분들은 날마다 싸우셨어요.
양아버지의 술, 도박, 외도,
폭력, 감옥살이, 그리고 이혼…….
얼마 뒤,
양아버지가 재혼을 해서
자식까지 낳았다는 소식을 듣고
또 한 번 큰 충격을 받았지요.”

역기능 가정의 치유

사랑하는 이 집사님,

정말 가슴이 미어지네요.
어떻게 이런 가정에서
집사님이 상처를 받지 않고
살 수 있었겠습니까?
어떻게 마음의 병이 생기지 않고
견딜 수 있었겠습니까?
몸서리가 처지고,
치가 떨립니다.
아버지 산소를 맴돌며
슬피 우는 한 남자아이,
의지할 곳 없는
이 집사님의 외로운 모습이

제 눈에도 선합니다.
그 어린 것이 얼마나 가슴이 아팠을까!

집사님,

'가정' (family)은
'사람을 만드는 공장' 입니다.
〈사람 만들기〉라는 베스트셀러를 쓴
가족치료의 대가
버지니아 싸티어의 표현이지요.
그런데 문제는
한 가정의 가족이란
하나의 살아 있는 유기체이기 때문에,
그 역동적인 관계에 따라
순기능 가정도 있고
역기능 가정도 있다는 사실입니다.

'순기능 가정' (functional family)이란
정상적인 가정의 기능을
제대로 수행하는 가정입니다.
가족들 간의 인격적인
성장과 성숙이 잘 이루어지고,
가족들의 다양한 욕구가

적절하게 충족되는 가정이지요.
쉽게 말해서,
'건강한 가정'이라고 할 수 있습니다.
순기능 가정은
위기나 갈등 앞에서도
온 가족이 능동적으로 참여하여
바람직하게 대처할 줄 압니다.
문제를 스스로 드러내 적절한 도움을 청하며,
정확한 의사소통을 하고,
서로 약속을 지키고,
관심과 고마움을 표현할 줄 알며,
무조건적인 수용과 지지와
인내와 신뢰와 격려 가운데
사랑을 주고받을 줄 압니다.

반면에,
'역기능 가정'(dysfunctional family)이란
가정으로서 제 기능을 다하지 못합니다.
인간이 가지고 있는 가장 기본적인 욕구,
신체적이고 정서적인 욕구를
충족시켜 주지 못하고
정상적인 양육을 베풀어 주지 못하는 가정입니다.
자녀들이 성숙하는 데 필요한

사랑이 부족하거나
건강하지 못한 사람이 있는 가정입니다.
이런 가정에서는
인간의 감정이 억압되어
자아가 정상적으로 성장하지 못합니다.

그런 면에서
이 집사님의 어린 시절 가정은
역기능 가정이지요.
이런 가정에서 자란다는 게
얼마나 힘든 일인지요!
가족들 사이에 기쁨이나 친밀감을
전혀 느낄 수 없고(intimacy vacuum),
대화보다는 눈치를 살피고,
개인차를 존중하지 않으며,
통제가 심하고,
무표정하게 굳어 있고,
차갑게 얼어붙어 있고,
잔뜩 화가 나 있거나,
무언가 슬퍼 보이며,
주고받는 말투가 무겁고,
유머마저 신랄하게 빈정대고
잔혹합니다.

한 마디로 숨도 제대로 쉴 수 없는 가정!
좀 더 전문적으로 말하면,
역기능 가정의 특징은
부모 중 한쪽이나 양쪽이
약물 중독이나 남용 상태거나,
가족 중 한 명 또는 그 이상이
정서적으로 질병이 있거나
심리적으로 헝클어진 상태이거나,
몹시 가혹하거나
엄격한 규칙으로 경직된 채
독선적인 체계를 지닌 가족이거나,
성적으로나 신체적으로 학대가 있거나,
부모자녀 간의 대화가
왜곡되거나 단절되어 있습니다.

그런데 역기능 가정도
순기능 가정처럼
가족 구성원 모두가
열심히 일하고 싶고
행복하게 살고 싶고
사랑받고 싶어 합니다.
그러나 마음뿐입니다.
누구 하나

먼저 손을 내미는 사람이 없습니다.
아니,
손을 내민다는 것 자체가
금기시되어 있습니다.
역기능 가정은 무엇보다
수치심에 기반을 두고 있습니다.
수치심은 온전한 인간적 삶을 부정하고
교란시키는 내적 심리상태의 원천입니다.
우울증, 소외감, 고립감, 실패감,
상실감, 낮은 자존감, 뿌리 깊은 열등감,
편집증, 정신분열적인 현상,
강박적인 행위, 완전주의, 부적응,
자기 회의, 자아도취적 질환…….
이 모든 것은 수치심에서 비롯됩니다.

그리고 역기능 가정에는
이런 수치심을 감추려는
보이지 않는 중독이 자리합니다.
중독이란 습관적으로, 강박적으로
어떤 대상에 매이는 상태이지요.
알코올 중독, 약물 중독, 일 중독,
분노 중독, 성 중독, 관계 중독,
음식 중독, 소비 중독, 도박 중독,

게임 중독, 인터넷 중독, 종교 중독…….
중독자들은 결혼 생활, 직장 생활,
현실 적응 등에 장애를 나타냅니다.
중독 부모에게서 나타나는
이러한 비정상적인 성격 특성과 태도는
그 자녀들에게 강한 영향을 끼칩니다.
그런 의미에서 역기능 가정의 중독은
개인의 질병이 아닌 가족 전체의 질환입니다.

이런 역기능 가정에서 성장한 사람의
정서와 행동이 온전할 수 없습니다.
이런 혼란스런 가정에서 성장한 사람을
학문적으로는
'성인아이' (adult child)라고 부릅니다.
성인아이란 역기능 가정에서 성장하여
손상 받은 과거의 자아에 매달려
자아 성장이 둔화된
18세 이상의 모든 사람을 말합니다.

좀 더 자세히 말하면,
성인아이는 성인의 문제를
나이에 맞지 않게 조숙하게
다루어야 했던 시절을 보낸 사람입니다.

어린 나이에 성인이 겪어야 하는 큰일들과
책임을 느끼며
아이가 아닌 어른처럼 행동해야 하는
압박감을 감당해야 했던 유년기를 보낸 사람입니다.
또 해소되지 않은 어린 시절의 문제,
정서적 찌꺼기를
아직 처리 중인 성인을 말합니다.

사랑하는 이 집사님,

집사님이 지금 힘들어 하시는 것은
그래서 지극히 당연한 것입니다.
정서적인 찌꺼기를 토해내 버리는
엄청나게 중요하고 고단한
치유작업으로 몸부림을 치고 계시기 때문입니다.
몸도 힘들고 마음도 힘드시겠지요.
그러나 어린 시절에
마땅히 해결했어야 할 일들을
이제라도 처리하실 수 있다는 것은,
그래도 축복입니다.
사실, 역기능 가정의 가장 큰 문제는
자신들의 문제를 부인하는 것입니다.
문제가 있음을 시인하지 않기 때문에,

결코 문제가 해결된 적이 없습니다.
가족 체계가 극히 폐쇄적이어서
공개된 비밀에 대해서도 모른 척합니다.
외부와 관계 맺는 것을 두려워하지요.
그래서 더욱 악순환이구요.
집사님, 그런 의미에서,
집사님은 지금
대단한 용기를 내고 계시는 것입니다.

누가복음 23:34에
예수님께서는
"아버지, 저 사람들을 용서하여 주십시오.
저 사람들은 자기네가
무슨 일을 하는지를 알지 못합니다."
라는 기도를 드리십니다.
역기능 가정의 부모,
그 부모도 실은 몰라서
그런 상처를 남긴 것으로
받아들여야 한다는 말씀 아닐까요?
어찌 알면서 그럴 수 있었겠습니까?
몰라서 그런 것이니
불쌍히 여기는 마음으로
용서해야 한다는 주님의 말씀이지요.

"용서가 안 돼!"
"절대 용서할 수 없어!"
이렇게 말씀하시는 것도 이해가 됩니다.
저도 그럴 때가 있으니까요.
그러나 분명한 것은
내가 용서하지 않으면
그 사람에 대한 미움에 사로잡혀
온종일을 어둡게 살아야 한다는 것입니다.
부모에 대한 미움도 마찬가지입니다.
부모를 마워하다 보면,
내가 또 그 미운 부모를
닮아가고 있는 걸 느낍니다.
영락없습니다!
그래서 내 영혼에 쓴 뿌리가
더욱 더 깊이 박히기 전에
예수 그리스도의 이름으로
용서를 선언해 버려야 합니다.
그 사람을 보고 용서하는 게 아니라,
이제라도 내가
제대로 된 삶을 살기 위해서
용서를 해야 합니다.
내가 살기 위해서!

집사님,

어둡고 공격적이고,
침묵으로 일관되고,
식구들과의 피부 접촉이나 심리적 접촉도 없고,
그래서 외롭고 슬프나 표현해서는 안 되는,
그 역기능 가정에서
얼마나 고통스러우셨습니까?
그러나 그런 암울했던 어린 시절에도
하나님은 집사님을 무척 사랑하셨나 봅니다.
아홉 살 때,
초등학교 선생님이
거의 매일 집사님을 안아 주셨다고 하셨지요?
그것이 그렇게 좋았다고 하셨지요?
하나님께서 그 천사 선생님을
외로운 집사님께 보내신 것 같습니다.
어떻게 그런 고마운 분이!

그렇습니다.
사람들은 누구나 사랑받고 싶어 합니다.
그것은 인간의 가장 기본적인 욕구입니다.
그리고 그 사랑의 욕구는
일차적으로 가정에서 채워져야 합니다.

산소 같은 사랑이나 애정 표현이
그래서 우리 가정에 그렇게도 중요한 것입니다.
우리가 애송하는 고린도전서 13:13은
"그러므로 믿음 소망 사랑
이 세 가지는 항상 있을 것인데
그 가운데서 으뜸은 사랑입니다."
라는 말로 끝이 납니다.
사도 바울은 이미
그 사랑의 신비를 꿰뚫어 보았던 듯합니다.

사랑하는 이 집사님,

하나님은 지금도
집사님을 너무너무 사랑하십니다.
그리고 저도 집사님을 무지무지 사랑합니다!
힘을 내시고,
우리 함께
'상처 입은 치유자'
(The Wounded Healer)의 길을
걸어가시지 않겠습니까?

역기능 가정을 치유하는 기도

주님,
지금 저를 짜증나게 하는 가족들에게서
좋은 점을 찾아낼 수 있도록
도와주옵소서.
그리스도께서 저에게 그러셨던 것처럼,
저도 가족들에게 관대함을
베풀게 하옵소서.
점점 더 커져 가는 적대감을
제거해 주시고,
사랑과 이해가 점점 더
커지기를 간구합니다.
저희들 각자가
자신의 마음을 살필 수 있게 하시고,
자기의 결점을 정직하게
인정하도록 하옵소서.

예수 그리스도의 이름을 통하여
저희가 통일된 한 가족을
이룰 수 있게 하옵소서.
예수님의 이름으로 기도드립니다. 아멘.

아홉 번째 편지

10년만 더 젊었더라면

— 중년의 치유 —

빌립보서 4:6-7

"아무것도 염려하지 말고,
모든 일을 오직 기도와 간구로 하고,
여러분이 바라는 것을
감사하는 마음으로 하나님께 아뢰십시오.
그리하면 사람의 헤아림을 뛰어넘는
하나님의 평화가 여러분의 마음과 생각을
그리스도 예수 안에서 지켜 줄 것입니다."

중년의 탄식

"어느 날 아침,
거울을 들여다보았더니
주름살투성이의 낯설고 까칠한 얼굴이
마주보고 있는 것 아니겠어요?
동창회라는 데를
갑자기 나가고 싶어 가보았더니
동갑내기들이 모르는 사이에
나보다 몇 배나 더 성공했더라구요.
어젯밤에는 아들이
내 양복을 가지고 와서
자기가 입겠다고 빼앗아 갔어요.
앞으로 남은 인생과
지금까지 살아온 인생의 길이가
갑자기 비교됩니다.
어쩌다 한 번 운동이라도 하고 나면

며칠을 끙끙거립니다.
거리를 활보하는 젊은 남녀들을 보면
질투가 납니다.
'10년만 더 젊었더라면
이렇게 되지는 않았을 텐데'
하는 생각을 많이 해봅니다.
내가 못한 일을 자식들이 할 수 있을 것이라는
기대도 커가구요.
암으로 먼저 떠난 친구들이
남의 일 같지 않습니다.
볼품 없이 튀어나온 배에 가리워서
발가락이 안 보일 때도 있습니다.
신문을 보다 보면
눈이 침침해져서 현기증을 느낍니다.
저녁식사 뒤엔
재미도 별로 없는 텔레비전을 보다가
소파에서 저절로
잠들어 버리는 일이 자주 있지요.
직장에서 울분이 쌓여도
처자식이 먼저 생각나서 참으려고 애씁니다.
상처 입은 사자처럼
위엄을 지키느라
홀로 괴로워하면서……."

중년의 치유

사랑하는 심 집사님!

강원도 한계령
깊은 골짜기마다
형형색색 고운 단풍이
훨훨 불타 오르고 있습니다.
바야흐로 가을의 한복판에
서 있다는 느낌입니다.
그 무더운 여름을 어떻게 지내나 했는데,
벌써 가을의 풍경이
한 장 한 장 넘어가고 있네요.
이 단풍도 지면
추운 겨울이 성큼 다가오겠지요.

집사님,

이렇게 이 자연에
봄 여름 가을 겨울
4계절이 있다는 게 신기하기만 합니다.
그런데 더욱 더 놀라운 것은
우리 인생에도
유년 청년 중년 노년
4계절이 있다는 사실입니다.
그래서 오늘 저는,
이 가을의 그림자를 안고
울리지 않는 악기처럼
훠이훠이 흐느끼시는 집사님과
인생의 가을을 나누고 싶습니다.

집사님,

먼저 제 이야기를 하지 않을 수 없군요.
어머니는 할아버지 노름빚을 갚고
시동생 열 둘을 결혼시키느라
평생을 고생하셨습니다.
그러다 보니,
어느덧 우리들이
결혼을 할 때가 된 것입니다.
결혼을 앞두고

하루는 아내쪽 집안과 너무 비교가 되어
짜증이 난 적이 있었습니다.
그래서 어리석게도
시골에 계신 어머니에게 밤늦게 전화를 걸어
투정을 부리고 말았지요.
"우리집은 왜 이렇게
빚에서 헤어나지를 못하는 거예요?
도대체 어머니 아버지는
그 동안 뭐하신 거예요?"

그런데, 그런데,
어머니는 제 전화를 받으시다
대성통곡을 하시는 거였습니다.
"그래도 나는 너만은 믿었는데,
너마저 그런 소리를 하는구나!"
평소 여장부로 소문난 어머니가
그렇게 연약한 모습을 보이자
너무나 당혹스러웠습니다.
"그까짓 것 걱정 마라.
내 너 돈 때문에
장가 못 보내지는 않을 거다!"
이런 당찬 말씀을 기대했는데…….
어머니는

한없이 무너지고 계셨습니다.
어머니가 인생의 중년을
앓고 계시다는 걸
까마득히 모르고 있었던 것입니다.
그 동안 살아온
인생의 흔적들을 뒤돌아보며,
어머니는 깊은 좌절과 우울에 시달리셨습니다.
'이루어 놓은 것이 아무 것도 없구나!
내 인생 빚만 갚다가,
여행 한번 못 가보고,
좋은 옷 한 벌 못 사 입었는데,
이제 하나뿐인 아들도 내 사정을 몰라주는구나!'
너무너무 힘들어 하셨습니다.
멀리서 지켜보는 저도 가슴이 아프고
큰 후회가 되었습니다.

그렇습니다, 집사님,

우리는 중년에 대하여 너무도 이해가 부족합니다.
다른 인생 주기와는 달리,
중년기의 실패는
단 한 번의 실수인데도 불구하고
회복이 좀처럼 불가능합니다.

더욱 중대한 문제는
이 중년기가 그리스도인의 영성과
깊은 관련이 있다는 것입니다.
융은 40대 이후의 모든 질병은
결국 영적인 문제이므로,
육신의 의사보다는
영혼의 의사인 목사에게 찾아가라고
권고한 바 있습니다.

이 중년기는
어쩌면 그렇게도 사춘기와 흡사한지요!
그래서 청소년기를 사춘기(思春期)라 하고,
중년기를 사추기(思秋期)라 했던가요?
이 둘이 어떻게 비슷한지
몇 가지만 살펴보겠습니다.

첫째는,
육체적인 문제입니다.
어느 날 갑자기 변한 자신의 목소리,
하룻밤 자고 나니 솟아 있는 턱수염,
예고도 없이 찾아온 생리…….
사춘기가 이렇게 변화하는 육체 때문에
혼란스러워한다면,

사추기는 허물어져 가는 육체 때문에
절망하는 시기입니다.
늘어만 가는 주름살,
희끗희끗 솟아나는 흰머리,
탄력을 잃어 가는 피부,
처진 뱃가죽,
침침한 눈,
이중턱…….
특히 여성의 경우,
육체적인 퇴락과 함께 생리가 멎게 됩니다.
모든 것이 예전 같지 못합니다.
갑자기 숨이 가빠지고
힘이 부치고
원하지도 않았는데 몸이 불어나고
쉬 피로해집니다.
그래서 마음이 심란해지고,
거울을 들여다보며
죽음도 건너다보게 되는 거지요.

둘째는,
정서적인 문제입니다.
사춘기에는 심리적·정신적으로
독립심이 강해지고

자아의식, 곧
'나는 누구인가,
나는 어디로부터 왔는가,
나는 지금 어디를 향해 가고 있는가'
하는 생각이 강하게 나타납니다.
정서 상태가 예민해지고
주변 환경에 따라 동요되기 쉽습니다.
한마디로 자아 정체감의
위기에 빠져드는 시기입니다.
그런데 사추기도 마찬가지입니다.
중년기의 위기는
바로 자아 정체감을 재확립하는 데
실패할 때 다가옵니다.
곧 신체적 노화나
자기 실현에 대한 불만과 함께,
내 자신이 무가치한 존재이며
사는 게 무의미하다고 느껴집니다.
권태와 불안, 의욕상실 등
정서적 위기를 맞게 됩니다.
어느 날 갑자기 외로움이 몰려옵니다.
집에 들어가기 싫습니다.
그래서 공황 장애, 강박 장애,
우울 장애, 감정부전 장애 등을 경험합니다.

어디 멀리 떠나
가출이라도 하고 싶은 시기입니다.
요즈음 40대의 가출이 많은 것도 이 때문입니다.
대개 중년의 위기는
여성에게서 더 심각하게 나타납니다.
남성은 사회적으로 어느 정도
성취감도 맛보고 만족도 얻음으로써
그 위기를 극복할 수 있지만,
가정생활이 삶의 전부였던 주부들은
상대적인 박탈감에 시달리며
더욱 더 심각한 삶의 회의에 빠지게 됩니다.

중년기 여성의 이런 심정을
헌트는 다음과 같이 표현합니다:

집은 조용하다.
아이들의 침대는 더 이상 정돈할 필요가 없다.
아! 새 둥우리는 비어 있는데
나는 이름 모를
상처 입은 어미 새 되어 어디로 떠나려는가.
외롭게 목표 없이
어미 됨 외에는 다른 것을 모르고 살아온 세월
이제 내가 어머니가 아니라면

난 누구여야 한단 말인가.

셋째는,
성적인 문제입니다.
사춘기는 성에 눈뜨는 시기이지요.
갑자기 이성이 그리워지고
로맨스를 꿈꾸는 때입니다.
동성보다는 이성에 마음이 끌립니다.
데이트도 해보고 싶어하고,
옷매무새에도 깊은 관심을 가지며
멋을 부리는 시기입니다.
남이 나의 남성다움과 여성스러움을
알아주었으면 합니다.
그런데 사추기도 똑같습니다.
이성적인 유혹이 가장 강한 시기입니다.
여태까지의 따분하던 결혼생활에서
활력을 찾아보려고 합니다.
성의 환상에 빠져듭니다.
바람을 피울 확률이 가장 높은 시기입니다.

넷째로,
영적인 문제입니다.
사춘기는 어린이와 어른 사이의

방황이 전개되는 시기입니다.
마찬가지로 사추기는 노년과 청년 사이의
방황이 되풀이되는 시기입니다.
참 어중간합니다.
노년이기에는 너무 젊고
청년이기에는 너무 늙은 셈입니다.
이러한 중년기 자아 정체감의 위기는
현재의 삶에 불만을 갖게 합니다.
그래서 가정생활과 사회생활에
여러 가지 문제를 낳게 되고,
급기야는 영적인 문제로까지 발전됩니다.
곧 일상생활에 대한
권태로움과 불만이 높아지면서
삶의 의욕을 잃고
자신을 무가치하게 느낌으로써
무기력과 침체의 늪에 빠지기 쉽습니다.
그 동안 나를 지탱시켜 주던
신념이나 가치관 체계가 흔들리면서
삶의 목표에 대한
막연한 불안감과 압박감마저 느낍니다.
성공한 사람들을 향하여
이유 없이 적개심과 분노를 느낍니다.
현실을 도피하려 하고,

자신의 처지에 대한 연민으로 허우적거리지요.
그 결과,
영성의 위기를 자져옵니다.
감사와 기쁨을 잃어버리고
하나님에 대한 원망을 토로합니다.
끊임없는 가정 불화와 우울증으로
신앙생활 자체를 회의하게 됩니다.
아무것도 소용이 없다는 식이 되어 버리는 거지요.

사랑하는 심 집사님,

우리나라의 40대 사망률이 세계 1위라지요?
충격적입니다.
한참 일할 나이, 40대,
이 중년들이 고혈압, 내출혈,
심장병, 동맥경화증, 비만, 위궤양,
당뇨, 간질환,
그리고 각종 암질환으로 푹푹 쓰러지는 현실…….
그래서 시편 102편 시인은
중년을 위한 기도가 필요했던가 봅니다:
"주여, 나를 중년에 데려가지 마옵소서."

심 집사님,

분명 중년은 중대한 고비입니다.
위기입니다.
그러나 그것은 소나기와 같습니다.
이 중년의 위기가
영원히 지속될 것이라는 착각에서 벗어나십시오.
그것은 과정일 뿐입니다.
집사님이 이렇듯
속뜻 그윽한 중년의 의미를 붙잡을 수만 있다면,
중년은 진정 아픔이 아니라
축복입니다.
하나님의 신비가 깃들어 있는
중년의 때에 접어드셨다는 것은
이제 진심으로 축하할 일입니다.
Welcome to the Magic Stage!

집사님,

우리 인생은 지금 10월,
가을의 한복판에 서 있습니다.
그리고 이 10월,
울적한 마음 산그리메처럼 어두워올 때,
오늘 집사님과 저는
저녁강물 벗삼아

우리 인생의 계절
중년의 위기를 들여다보았습니다.

그런데 집사님,

감격적인 것은 이 10월이
교회력으로 볼 때
창조의 한복판이라는 사실입니다.
그것은 우리에게 이런 질문을 던지게 하지요.
'과연 나는 지금
창조적인 삶을 살고 있는가?
일년의 절반이 훌쩍 지나
겨울을 준비하는 지금,
인생의 절반이 훨씬 더 지나
죽음을 생각하게 하는 지금,
과연 나에게는 지금도
창조적인 삶이 가능한가?
그렇다면, 그 길,
곧 그리스도인의 창조적인 삶이란
과연 무엇인가?'

그렇습니다.
심 집사님의 중년은

창조주 하나님의 빛에서 볼 때
분명 재창조의 시기입니다.
이 가을,
아름다운 자연을 지으시고
심 집사님을 흙으로 빚으시어
이 땅에 보내신
창조주 하나님을 더욱 깊이 생각하십시오.
그래서 집사님이 지금 앓고 계신
중년의 위기를
인생의 후반전을 새롭게 시작하는
재창조의 출발점으로 삼아 가셨으면 합니다.

중년을 치유하는 기도

주님,

주님은 대대로 저의 거처이셨습니다.

산들이 생기기 전에,

땅과 세계가 생기기 전에,

영원부터 영원까지,

주님은 하나님이십니다.

주님께서는 사람을

티끌로 돌아가게 하시고,

"죽을 인생들아, 돌아가거라." 하십니다.

주님 앞에서는

천 년도 지나간 어제와 같고,

밤의 한 순간과도 같습니다.

주님께서 생명을 거두어 가시면,

인생은 한 순간의 꿈일 뿐,

아침에 돋는

한 포기의 꿈과 같을 따름입니다.

아침에 돋아나서 꽃을 피우다가도,
저녁에는 시들어서 말라 버립니다.

주님,
주님께서 노하시면
제 삶이 끝이 나고,
주님께서 노하시면
저는 스러지고 맙니다.
주님께서 제 죄를
주님 앞에 내놓으시니,
저의 숨은 죄가 주님 앞에 환히 드러납니다.
주님께서 노하시면
제 인생은 사그라지고,
저의 한평생은 한숨처럼 스러지고 맙니다.
인생의 연수가 칠십이요
강건하면 팔십이라도,
그 연수의 자랑은 수고와 슬픔뿐이요,
빠르게 지나가니,
마치 날아가는 것 같습니다.
저에게 저의 날 계수함을 가르쳐 주서서,
지혜의 마음을 얻게 해주옵소서.
예수님의 이름으로 기도드립니다. 아멘.

나는 제대로 가고 있는가

— 허무주의의 치유 —

요한복음 3:16

"하나님이 세상을 이처럼
사랑하셔서 독생자를 주셨으니,
누구든지 그를 믿으면
멸망하지 않고 영생을
얻을 것이다."

허무주의의 탄식

"어제 한나절을 함께 했던 친구가
간밤에 죽었습니다.
빈소를 다녀오면서
그 동안 잊고 지냈던
나 자신의 죽음에 대하여
두려움을 느꼈습니다.
'나는 제대로 가고 있는가?'
전철 안에서
어깨를 스치고 지나가는 이들이
우주인처럼 낯설어 보입니다.
수없이 밀고 밀리는 인파 속에서
나 하나 불현듯 사라져 버린다 해도,
그 누구도 눈치 채지 못할 것 같은
이 존재의 허무함.

등을 비벼 오는 가족들도
갑자기 짜증스러워집니다.
홀로 있기를 방해하는
전화기의 ‘따르릉’ 소리에
코드를 뽑아 버리고 싶을 때도 있습니다.
‘내가 과연 있어야 할 자리에 있는 것일까?
낯선 곳에 던져진 듯한
속깊은 우울이
가슴을 싸안을 만큼 통증을 느끼게 합니다.
휘황찬란한 네온사인,
번쩍이는 거리,
몰려다니는 군중.
회오리바람 같은 이 세대의 흐름 속에,
‘내’ 가 휘감겨 들어가고 있는 것은 아닌지,
아니 그 자각마저
문둥이의 감각처럼
무뎌져 가고 있는 것은 아닌지요……."

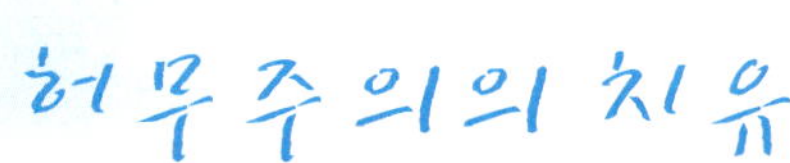

허무주의의 치유

사랑하는 송 집사님,

소리도 없이 노크도 없이
지난밤 세상이 하얗게 변해 버렸군요.
함박눈이 펑펑 쏟아지는
겨울 야산을 내다보며
보내 주신 편지를 펼쳤습니다.

인생의 겨울,
집사님의 영혼에서 울려나는
깊디깊은 하소연을 들을 수 있었습니다.
그래서 오늘은 먼저
한 가지 부탁을 드리고 싶습니다.

우선 두 눈을 한 번 감아 보십시오.

그리고 집사님이

콜럼부스 이전 시대에

무언가를 발견해 보겠다는 꿈을 안고

망망대해를 항해하고 있는

유럽인이라고 상상해 보십시오.

집사님의 배가 폭풍우 때문에 파손됩니다.

집사님만이 홀로 살아남았습니다.

기적적이게도,

배의 파편조각이

열대 지방의 한 무인도

해변까지 떠밀려옵니다.

푸른 풀이 많은 섬에는

과일도, 야생생물도, 신선한 물도 풍부합니다.

폭풍우와 동물로부터

집사님을 보호할 수 있는 동굴도 있습니다.

육체적으로 살아남는 데는

전혀 문제될 게 없습니다.

다만 한 가지 장애가 있습니다.

집사님은 그 섬의 유일한 거주자입니다.

아무도 집사님이 거기 있는지 모릅니다.

사람들은 집사님이

바다에서 실종되었다고 가정하고 있습니다.

다른 배가 집사님이 죽기 전
집사님이 항해하던 그 길을
지나칠 수도 있을 것이라고
추정할 만한 아무런 근거도 없습니다.
그것은 유럽인들이
아직 미국대륙을 발견하지 않았고,
그런 항해는 드문 일이기 때문입니다.
집사님은 남은 생애 동안,
결코 다른 어떤 인간도 볼 수 없을 것입니다.

그렇다면 송 집사님,

이제 어떻게 하시겠습니까?
집사님은 어떻게 정서적으로 살아남으시겠습니까?
무엇이 집사님의 삶을
가치 있게 만들 것 같습니까?
어떤 인간적인 관계도 없이,
과연 어떻게 삶의 의미를 찾으시겠습니까?

그렇습니다.
이 겨울,
삶의 의미를 찾아 떠나는
영혼의 순례가 고통스러우시지요?

그러나 이 얼마나 고귀한 시간들인지요!

토마스 네일러가 〈삶의 의미를 찾아서〉
(The Search For Meaning)에서 밝히듯,
현대를 살아가는 이들에게
가장 시급한 것은
자신들의 일상적인 삶 속에서
그 '의미' 를
어디서 어떻게 찾느냐 하는 것입니다.
어떤 이들에게는
삶의 의미라는 것이 과연 있는지조차도
불분명한 경우가 있습니다.
왜 사는지,
그리고
어디로부터 와서
어디를 향해 나아가고 있는지를
모른 채,
허송세월하고 있는 이들도 있습니다.
다람쥐 쳇바퀴 돌 듯
허공을 치는 안타까운 몸짓.
살았으나 죽은 것과 매한가지인
산송장.

셰익스피어는

자신의 4대 비극 가운데 하나인

〈맥베스〉 제5막 제5장에서

이렇게 탄식하였습니다:

"내일,

또 내일은

매일매일 살금살금

인류 역사의 최종 음절(音節)까지

기어가고 있고,

이제라는 날들은

다 바보들에게

무덤으로 가는 길을

비쳐 왔거든.

꺼져라 꺼져, 짧은 촛불아!

인생이란

한낱 걷고 있는 그림자,

가련한 배우.

제 시간엔 무대 위에서

활개 치고 안달하지만,

얼마 안 가서

영영 잊혀져 버리지 않는가.

글쎄,

천치가 떠드는 이야기 같다고나 할까.
고래고래 소리를 친다,
아무 의미도 없이."

사랑하는 송 집사님,

집사님은 지금 어디에 계십니까?
인생의 길을 달리다가
문득 집사님의 자리에 대한
의구심이 들지는 않습니까?
왠지 눈에 익은 주변 환경이나
사람들이 낯설게 여겨지고,
집사님의 실존에 대해
어리둥절해질 때는 없습니까?
내 몸에 맞지 않는 철지난 옷처럼,
부자유스러운 삶의 편린들.
과연 내 인생의 궤도는
제대로 가고 있는가?
왠지 뒤지는 것 같아 허겁지겁 뛰면서,
과연 무엇 때문에 뛰고 있는지
의문조차 품어보지 못한 지난날들.

세상 아내들이 매음을 소일거리로 하고

남편 아닌 애인을 이야기하며 낄낄거리고,
남편들은 해외로 여자사냥을 떠나고,
청소년들은 가슴과 배꼽을 드러내고
거리를 활보하는 세태.
앞만 보고 달리는 신세대에
구세대는 밀려나고,
어깨가 쳐진 중년들이
일자리를 잃고 거리를 떠돌며,
소낙비처럼 쏟아져 내리는
새로운 정보 속에 마음의 평형이 깨지고,
넘치는 지식들 때문에
오히려 무능함만 절감케 되는 시대.
과연 어떻게 살아야 제대로 사는 것인지…….
순간을 사는 듯
오토바이로 폭음을 내며 질주하기도 하고,
내 힘으로 세상을 변화시켜 보겠노라
오기도 부려보고,
공작새처럼 화려한 날개도 펼쳐보지만,
이 모든 것들의 의미는 무엇인가?

아, 덧없는 세월!
잠깐 보이다가
사라지는 안개같이,

아침이슬 머금고 반짝이다
저녁이면 스러지는 풀꽃같이.

요즘 인터넷을 보면,
'허무송' 이나 '허무개그' 가 유행입니다.

"곰세마리가 한집에 있어
아빠곰 엄마곰 애기곰
아빠 '고문' "
(곰세마리 허무송),

"어젯밤에 우리 아빠가
다정하신 모습으로
한 손에는 크레파스를
'싸가지' "
(아빠와크레파스 허무송),

"신문선: 골! 골! 골이에요!
A: 알어.
신문선: 어. 그래"
(허무개그 신문선 버전).

어른들이 보기에는

이 대목에서 왜 웃어야 되는지
도무지 이해가 되지 않지만,
신세대들은 바로 그걸 노리고
박장대소하며 쏟아 내는
허무한 너스레들.

확실히 이 시대의
대표적인 문화코드는
'허무주의'(Nihilism)입니다.
케임브리지대학교 명예교수였던
홀부르크는
〈허무주의, 교육, 생존〉
(Nihilism, Education, and Survival)
이라는 책에서,
허무주의야말로
이 시대의 가장 큰 위기라고 간파합니다.
물질만능주의, 과학실증주의, 생명경시주의,
생태계파괴, 폭력, 권력,
섹스, 포르노,
악마숭배, 스타숭배, 이단숭배,
알코올중독, 마약중독, 게임중독,
채팅중독, 쇼핑중독, TV중독,
정신분열, 우울증,

그리고 자살…….
이 모두가 허무주의의 그림자들입니다.
우리가 이 허무주의의 악령을
추방하지 못한다면
인류는 생존의 위기를 맞게 될 것입니다.

이 시대의
철학, 문학, 과학, 예술 등에
광범위하게 깔려 있는
이 허무주의의 근원은 바로
인간의 성격(性格) 안에 있습니다.
니체, 사르트르, 까뮈의
허무주의적 실존주의는
사실 그들 자신의 성격 중심에
자리 잡고 있는
허무감의 또 다른 표현일 뿐입니다.
이것은 모두
성격의 근원에 있는
'상처'(傷處)의 문제입니다.
그리고 이 근원적인 상처는
모두 부모-자녀 관계와 관련되어 있습니다.
이것은 현대 심층심리학의
절절한 호소이기도 합니다.

하나의 인격이 태어나는 과정에서
부모로부터 충분한 사랑을 받지 못했을 경우,
그 인격의 핵심에
하나의 균열이 생기게 되고,
이 균열로부터
허무와 혼돈과 파괴적 충동이 나타납니다.
사랑의 결핍은 존재를 무화(無化)시키는
허무의 세력으로,
파괴적인 악의 세력으로 드러납니다.

따라서 성격의 근원적인 상처를
예방하고 치유하는 일은,
진정한 의미에서
새로운 세상을 창조하는 일입니다.
선한 것과 가치 있는 것,
무엇보다도 생명을 사랑할 수 있는
능력을 지닌 인간으로 성장하는 일,
허무와 절망에 사로잡히지 않은 채
의미를 창조하면서
싱싱한 삶의 감정을 가지고
창조적으로 살아갈 수 있는 인간으로
성숙해 가는 일이야말로,
오늘 우리가 허무주의의 그림자를 치유하는

최선의 길이 아닐 수 없습니다.

그런 의미에서
집사님의 삶의 의미를 탐구하기 위해서는
궁극적으로 집사님의
'상처' 입은 '영혼' 을
돌보고 치유하는 단계에 이르러야 합니다.
어쩌면 그것이
허무주의와 죽음의 망각으로부터
집사님을 구할 수 있는
유일한 방법일지도 모릅니다.
집사님의 영혼은
집사님의 행동,
집사님의 작업,
집사님의 창조,
집사님의 경험,
집사님의 사랑,
집사님의 기쁨,
집사님의 고통, 그리고
집사님의 괴로움의 총합입니다.
집사님의 온 생애를 통하여
집사님의 영혼은 끊임없이 성숙해 갑니다.
집사님의 영혼은

집사님의 의미감, 가치관, 윤리적 원칙,
사회적 책임감 등을 구체화합니다.
집사님의 영혼은
집사님의 현 존재와
집사님이 되고 싶어하는 존재를 반영해 줍니다.
집사님이 원하는 세계상 또한
집사님의 영혼 깊은 곳에 자리 잡고 있습니다.

그러면 집사님,

이토록 허무주의가 요동치는
시대적 폭풍우 속에서
어떻게 집사님의 상처 입은 영혼을
돌보고 치유할 수 있을까요?
사실, 공동체, 직장, 심리치료,
교육, 문학, 예술, 종교 등의 도움을 통하여
집사님의 존재이유
곧 삶의 의미를 심층적으로
탐구해 갈 수 있을 것입니다.
알버트 카뮈에게서는
삶이 불합리하다는 것을,
폴 틸리히에게서는
집사님이 분리되어 있다는 것을,

에리히 프롬에게서는
소유가 공허하다는 것을
배울 수 있을 것입니다.
이 모든 것은 집사님에게 존재의 방법,
곧 집사님의 영혼을
돌보고 치유하는 방법을 가르쳐 줌으로써
집사님이 행복한 죽음을
준비하도록 도와줄 것입니다.

무엇보다도,
성경에는 살인과 폭력과 전쟁 등
허무주의에 기초한
여러 가지 이야기들이 가득 들어 있습니다.
전도서와 욥기는
"모든 것이 무의미하다"
고 말하고 있습니다.
그러나 예수 그리스도에 관한 이야기는
존재
곧 삶의 의미에 관한 이야기입니다.
그리고 그 사랑과
공동체를 토대로 하는 삶을 위하여
예수님이 지불하셨던 대가는
십자가 죽음이었습니다.

최고의 허무주의였지요.
그러나 십자가 처형 다음에
부활이 뒤따릅니다.
최후의 승리,
존재의 승리,
삶의 의미의 승리였던 것입니다.

사랑하는 송 집사님,

집사님의 무인도가
결점투성이의 결혼생활이든,
거대한 주식회사이든,
대학캠퍼스이든,
요양소이든,
병원이든,
군대이든,
또는 부랑자들의 오두막이든 간에,
근본적인 문제는 오직 하나뿐입니다:

"어떻게 해야
내 인생의 마지막이
진정 행복할 수 있을까?"

집사님의 대답이
집사님의 생활방식을 결정할 것입니다.
나아가 집사님의 삶이
의미를 갖느냐
못 갖느냐까지도
결정할 것입니다.

부디
남은 생애 동안,
그리스도 안에서
의미 있는 여행을 하시기 바랍니다.
그리고
궁극적으로
'그 날이 오면'
영원한 생명의 근원이신
예수 그리스도 앞에서
다음과 같이
고백하실 수 있기를 기도드립니다:

"주님, 저는 참 행복했습니다!'

허무주의를 치유하는 기도

성부이신 주님,
제 삶의 근본이 되시며
삶의 의미가 되시는 주님이시여,
주님이 아니면
저에게는 삶의 목적도 없고,
의미도 낙도 광명도 없습니다.
주님 안에 삶의 목표가 있으며,
주님이 삶의 의미가 되십니다.
주님께서 제 안에 계심으로
제가 살았습니다.
제가 주님께로 가는 것이 저의 목적이고,
주님과 같이 되는 것이
저의 희망과 즐거움입니다.
지혜 있고 훌륭한 이로
사람들에게 알려지기보다는
차라리 미련한 이가 되어

주님 안에 있게 되기를 바랍니다.
죄를 깨닫고 자복하는 이가 될까요,
주님의 사유하심을 증거하는 이가 될까요?
주님의 깊은 뜻을
조금도 모르는 제가 아닙니까?
아시다시피 사람과 가까이 함으로
얻어질 것도 없고
도리어 신앙의 동요 덕에
손상이 있을지언정
도움은 조금도 없습니다.
단지 성부께만 가까이 나아갈 때
담대함과 용기와 능력과
지혜와 덕과 완전과 영생을 얻습니다.

주님,
저에게 회개를 주옵소서.
생명 얻는 회개를 주옵소서.
주님,
제 가슴에 탄식을 주옵소서.
회개를 못해 탄식케 하옵소서.
부끄러워할 줄 알게 하옵소서.
제 죄를,
진정으로 제 어리석음을 내놓게 하옵소서.

제 지혜를 버리게 하옵소서.
제 주장 제 고집을 버리게 하옵소서.
오직 주님 생각만 받아들이게 해주옵소서.
주님만 모셔들이게 해주옵소서.
주님의 주장으로
제 주장을 삼게 하시고,
주님의 뜻을 받들어
저의 뜻이 되게 하시고
주님의 지혜가
저의 지혜가 되게 하옵소서.
주님의 애통이
저의 애통이 되기를 빌며,
예수님의 이름으로 기도드립니다. 아멘.

당신이 아파할 때 하나님도 우셨다

펴낸일 • 2009년 5월 30일 초판 1쇄 발행
지은이 • 신현복
펴낸이 • 길청자
펴낸곳 • 아침영성지도연구원
등록일 • 1999년 1월 7일/제7호
홈페이지 • www.achimhope.or.kr

총 판 • 선 교 횃 불
　　전　화 : 02)2203-2739
　　팩　스 : 02)2203-2738
　　홈페이지 : www.ccm2u.com